# SINAI

## Geschichte · Kunst · Touristik

Alberto Siliotti

KARL MÜLLER VERLAG

**Text und Fotografien**
Alberto Siliotti

**Gestaltung**
Valeria Manferto de Fabianis
Laura Accomazzo

**Bildmaterial**
Cristina Franco

**Kartographische und architektonische Vermessung**
Yvonne Marzoni Fecia di Cossato, Alberto Siliotti,
Claudio Concina

**Graphik**
Patrizia Balocco Lovisetti

**Übersetzung**
Wolfgang Schoene

**Lektorat**
Ingobert Wilke

© 1994 White Star S.r.l.
Via Candido Sassone, 24
Vercelli, Italien.

© Karl Müller Verlag
Danziger Str. 6
91052 Erlangen
ISBN 3-86070-503-2

Der Herausgeber
dankt Giorgia
Facchinelli für die
Mitarbeit bei der
Textgestaltung.

# Inhalt

*1*
Eine Ansicht des
Vorgebirges von Ras
Mohammed; links
kann man die
Mangroveninsel
und den Kanal
sehen, rechts die
Haibeobachtungs-
station

*2*
Das Katharinen-
kloster wurde in der
Mitte der Sinai-Halb-
insel an einem Ort
erbaut, wo Moses
den brennenden
Dornbusch gesehen
haben soll.
Das Kloster ist seit
fünfzehn Jahrhun-
derten Ziel von
Pilgern und
Besuchern.

*4 - 5*
Die Halbinsel Sinai
zwischen dem Golf
von Suez und dem
Golf von Akaba
(Satellitenauf-
nahme).

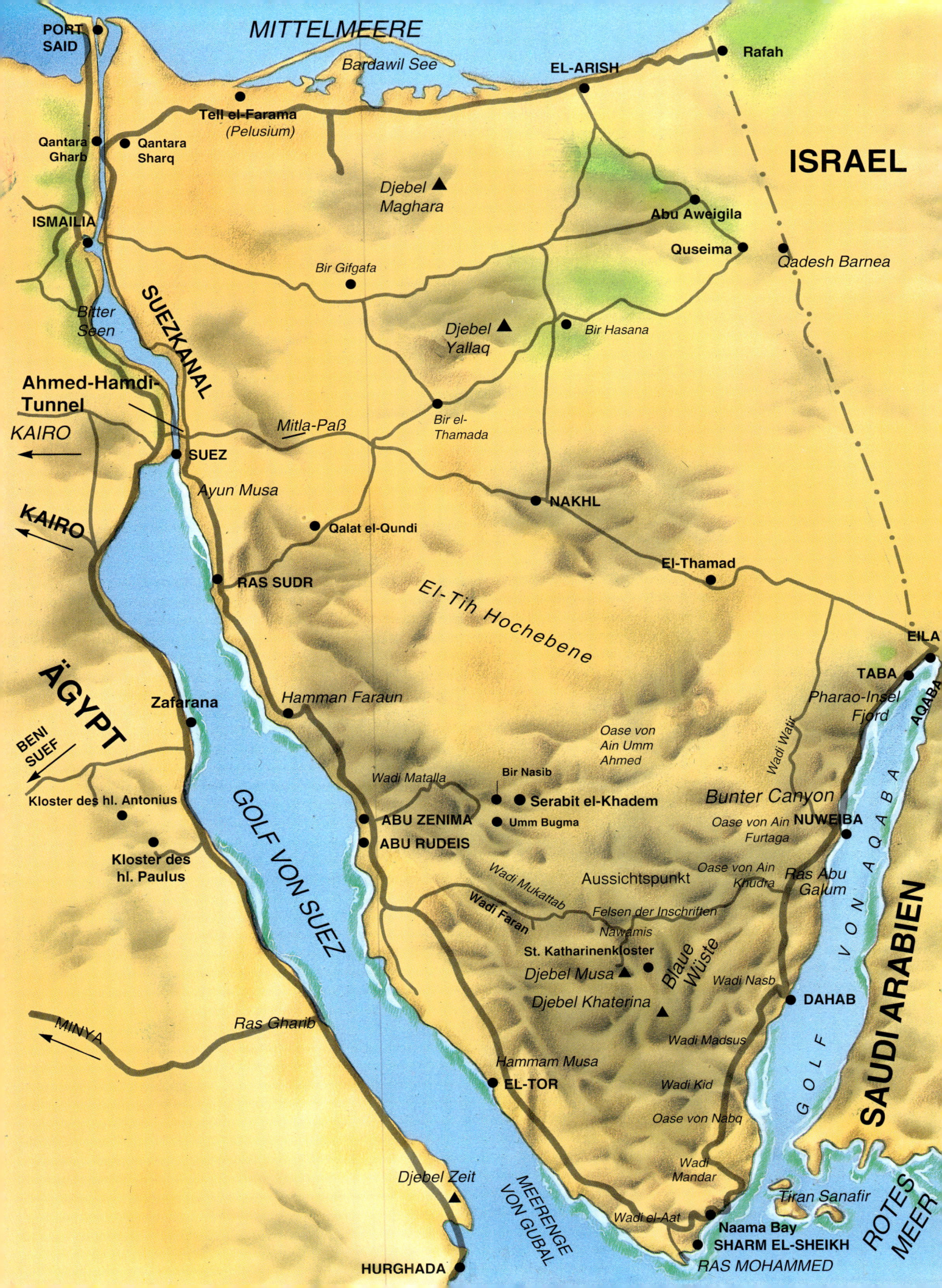

# EINFÜHRUNG

Die Halbinsel Sinai schiebt sich zwischen dem Golf von Suez und dem von Akaba ins Rote Meer vor. Der Name leitet sich vermutlich von der antiken Mondgottheit Sin ab.

Der Sinai ist nach der libyschen Wüste westlich des Nils und der arabischen Wüste im Osten die drittgrößte ägyptische Wüste; das an Kupfererz- und Türkisvorkommen reiche Gebiet war bereits im Altertum ein Ziel zahlreicher Expeditionen, die in mühsamen Reisen in den Besitz dieser wertvollen Rohstoffe zu gelangen suchten. Später bildeten die Wüste und die Berge des Sinai den Hintergrund für den in der Bibel beschriebenen Exodus der Israeliten aus Ägypten.

Hier erhielt Moses auch die Zehn Gebote, und hier verlief der Weg ins Gelobte Land.

Der Sinai ist für Christen und Juden ein heiliges Land, und viele tausend Pilger begeben sich Jahr für Jahr hierhin.

Die höchsten Spitzen des Sinai sind der Djebel Katherin und der Djebel Musa, an dessen Fuß das Katharinenkloster erbaut wurde. Diese Berge nehmen den mittleren und südlichen Teil der Halbinsel ein und fallen zum Roten Meer ab, wo man im glasklaren Wasser einer unversehrten Unterwasserlandschaft eine äußerst artenreiche Meeresfauna bewundern kann.

Die Wüste und das Meer sind die zwei beherrschenden Elemente des Sinai, häufig treffen sie aufeinander und bilden großartige Landschaften von unvergleichlicher Schönheit.

# DIE GEOLOGIE DES SINAI

Um den Ursprung und die Entstehung der außerordentlichen Landschaften dieses Gebietes verstehen und richtig einschätzen zu können, muß man sich etwas in die lange geologische Geschichte der Sinai-Halbinsel vertiefen. Dieses Gebiet erscheint zwar schroff und öde, ist unter naturwissenschaftlichem Aspekt jedoch von größtem Interesse – nicht zuletzt aufgrund vieler, sehr interessanter geologischer Vorgänge, die das geophysikalische Erscheinungsbild, die Tier- und Pflanzenwelt und die Niederlassungen der Menschen beeinflußt haben.

Eine analytische Untersuchung der komplexen geologischen Struktur der Sinai-Halbinsel würde viel Platz erfordern und den Rahmen dieser Veröffentlichung sprengen; aus diesem Grund müssen wir einige Details leider übergehen und unsere Ausführung so verständlich wie möglich halten. Wir möchten eine allgemeine Übersicht über die Aspekte geben, die für das Verständnis dieser Landschaft wesentlich sind.

Der Sinai läßt sich grob gesehen in drei verschiedene Gebiete unterteilen: Das erste, im Norden, wird von Sanddünen und Ablagerungen aus dem Quartär längs der „Wadis" – das sind teilweise fossile Flußläufe – gebildet. Außerdem finden sich hier Fossilstränder, die infolge der Niveauschwankungen des Mittelmeers im Lauf der Eiszeiten und Zwischeneiszeiten entstanden. Sie sind charakteristisch für das Quartär, das vor etwa zwei Millionen Jahren begann.

Dieses Gebiet ist relativ einheitlich und flach, wird in südlicher Richtung jedoch durch fleckenartig verstreute, ältere Felsenformationen aus der Kreide (vor etwa 60 Millionen Jahren) unterbrochen; ferner von der imposanten Masse des Djebel Maghara, der von Kalkstein und noch älterem Sandstein aus dem Jura gebildet wird. Südlich der Gebirgsformation des Djebel Magha-

**6**
*Das Dreieck der Sinai-Halbinsel zeichnet sich deutlich von der Oberfläche des Meeres ab. Aufgrund der Streck-* *bewegungen der großen Kontinentalmassen ist der Golf von Akaba viel tiefer als der Golf von Suez.*

**7 links oben**
*Die Sinai-Halbinsel ist von einem dichten Netz von Wadis überzogen.*

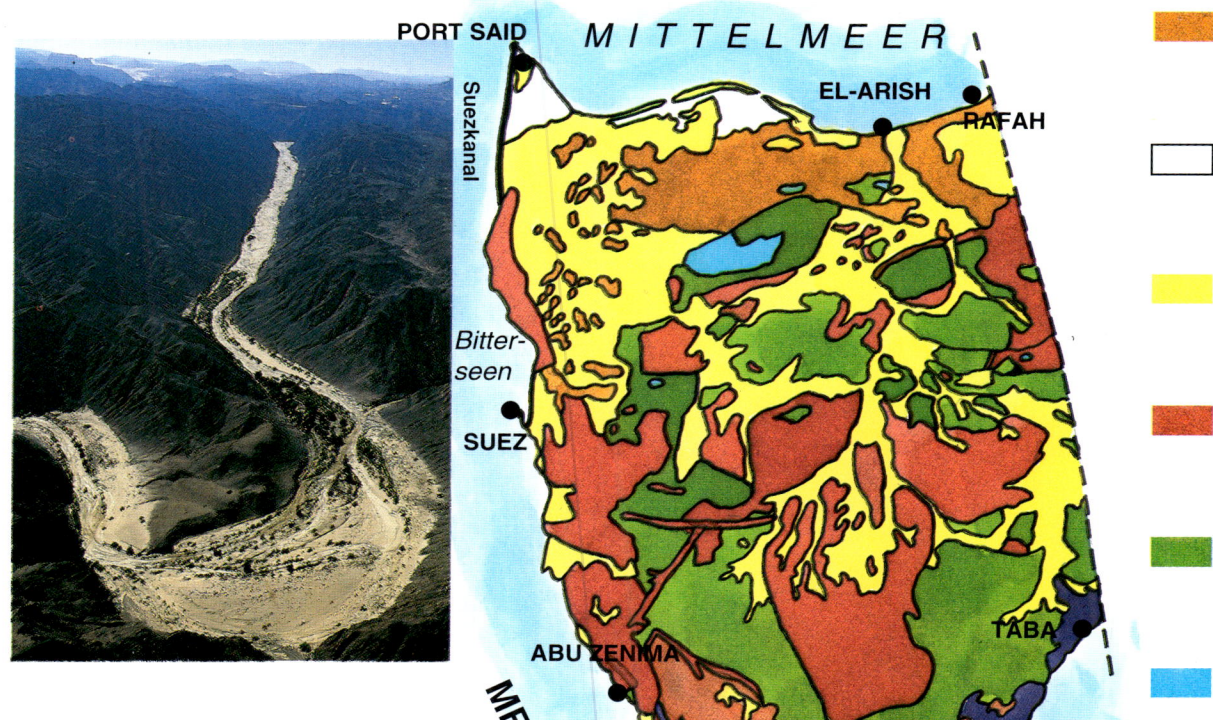

**MITTELMEER**

PORT SAID

EL-ARISH

RAFAH

Suezkanal

Bitter-seen

SUEZ

MEERENGE VON SUEZ

ABU ZENIMA

TABA

NUWEIBA

Djebel Musa

EL-TOR

DAHAB

SHARM EL-SHEIKH

Ras Mohammed

| | SANDDÜNEN |
| | LAGER VON SABKHA |
| | QUARTÄR |
| | TERTIÄR |
| | Kreide |
| | Jura |
| | Trias |
| | PALÄOZOIKUM |
| | PRÄKAMBRIUM |

M E S O Z O I K U M

ra beginnt das zweite, in der Mitte des Sinai gelegene Gebiet. Hier werden Quartärformationen von zahlreichen, weitläufigen Kalksteinausstrichen aus dem Tertiär unterbrochen (vorwiegend aus dem Eozän und teilweise auch aus dem Paläozän), die auch die riesige Hochebene el-Tih – den eigentlichen geographischen Mittelpunkt der Sinai-Halbinsel – bilden.

Diese Hochebene dehnt sich in südlicher Richtung aus und ist von weiteren Kalksteinausstrichen aus der Kreide umgeben, die einen Trennwall zu einem von Vulkan- und Granitgestein gebildeten Gebiet darstellen. Dieses ist der letzte der drei Bereiche, in die sich die Halbinsel Sinai unterteilen läßt.

Die Landschaft verändert sich hier abrupt; das Kalkgestein und die gestreiften Sandgesteine werden von zwei Felsenarten verdrängt: Basalt und magmatischen Gesteinen. Basalte sind Effusivgesteine, die auf eine Vulkantätigkeit des Meeresbodens hindeuten.

Das Vulkangebiet wird seinerseits im Westen von ausgedehnten Gesteinsausstrichen aus dem Quartär begrenzt, die alten Korallenformationen entsprechen; diese Quartärgesteine bilden auch die südlichste Spitze der Halbinsel.

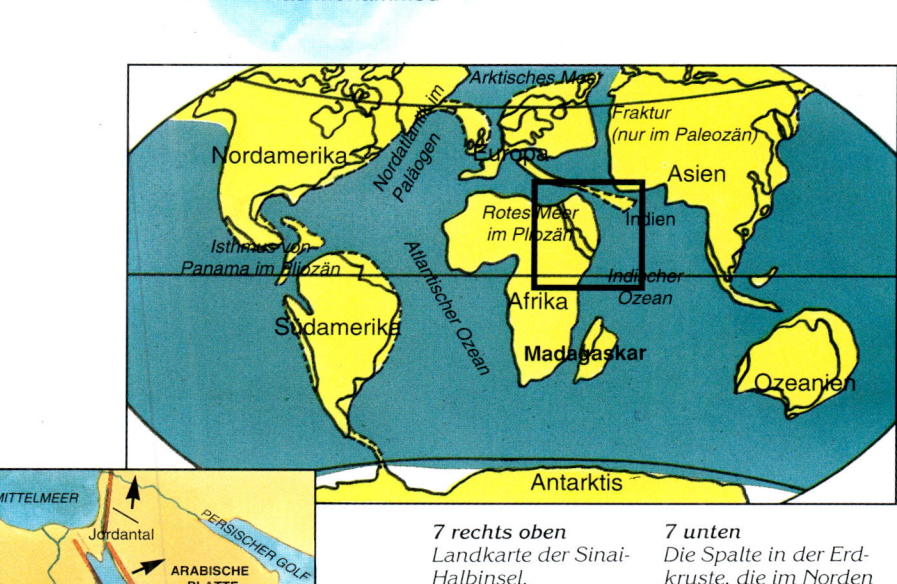

**Nordamerika** — Arktisches Meer — Nordatlantik Paläogen — Europa — Fraktur (nur im Paleozän) — Asien — Rotes Meer im Pliozän — Indien — Isthmus von Panama im Pliozän — Atlantischer Ozean — Indischer Ozean — Südamerika — Afrika — Madagaskar — Ozeanien — Antarktis

**MITTELMEER** — Jordantal — PERSISCHER GOLF — ARABISCHE PLATTE — ROTES MEER — 19 mm/Jahr — AFRIKANISCHE PLATTE — Nil — Atbara — Weißer Nil — Blauer Nil — Golfen von Aden — 4 mm/Jahr — AFAR-DREIECK — GROSSES RIFF

*7 rechts oben*
Landkarte der Sinai-Halbinsel.

*7 Mitte*
In der Zeichnung ist die Lage der Kontinente und der Ozeane im Tertiär, vor etwa vierzig Millionen Jahren, angegeben.

*7 unten*
Die Spalte in der Erdkruste, die im Norden im Jordantal beginnt und sich bis in den Golf von Akaba und das Rift Valley in Afrika hinunterzieht; ihre Ränder driften mit einer Geschwindigkeit von etwa 4 - 5 mm pro Jahr auseinander.

7

## DIE BERGWERKE DER PHARAONEN

Die Kallait- und Kupfererzvorkommen (Malachit) des Sinai (dazu kommen noch ausgedehnte Kieselsteinlager) zogen seit dem Neolithikum, genauer gesagt, seit der sogenannten Vorkeramikzeit B (um das 6. Jahrtausend v. Chr.) Völker aus dem Osten und aus dem Norden an. Diese ersten Siedler und Bergleute zogen langsam in südliche Richtung und hielten sich dort auf, wo sie reichlich Erze fanden; dies bestätigen Ausgrabungen, die im Wadi Ahmar beim Djebel Katherin vorgenommen wurden. Dort wurden Pfeilspitzen aus dem Neolithikum zusammen mit

wo sie die der Kultur von Thinis angehörenden Völker unterwarfen. Seit Beginn der 3. Dynastie entsandten die Ägypter Expeditionen in den Sinai, um die Erzlagerstätten des Gebietes systematisch zu nutzen. Im Wadi Maghara wurde ein Flachrelief des Pharao Sechemchet gefunden, das man als eines der ältesten Zeugnisse ägyptischer Präsenz im Sinai betrachten kann.
Die Fördertätigkeit erreichte ihren Höhepunkt im Mittleren Reich und wurde bis zum Neuen Reich fortgesetzt; Unterbrechungen gab es nur in den Zwischenperioden.
Der letzte bei Serabit el-Khadem

**8**
*Eine der heute völlig ausgebeuteten Türkisminen des Djebel Maghara.*

**9 links**
*In Serabit el-Khadem, das arabische Wort bedeutet „Berg der Festung", wurde in der Nähe reicher Türkis- und Kupfervorkommen bereits in der 12. Dynastie ein kleiner, der Göttin Hathor, „Herrin des Türkise", und dem Gott Sopdu, „Herr der fremden Länder", geweihter Tempel erbaut.*

Schlacken und Schmelzresten von Kupfererz gefunden.
In der Kulturperiode von Thinis (Thinis I. und Thinis II.), gegen 3500 v. Chr., wurde die Förderung mit großem Schwung vorangetrieben; in Folge davon vermehrten sich die Völkerstämme des Sinai, die im Gebiet von Serabit el-Khadem auch Türkise förderten.
Die Pharaonen der ersten Dynastien interessierten sich früh für den Sinai und besiedelten bereits in thinitischer Zeit (um 2929 - 2575 v. Chr.) die nördlichsten Gebiete,

nachgewiesene Herrscher ist Pharao Ramses VI. (20. Dynastie). Der letzte Pharao, unter dessen Herrschaft Kupfererz in großen Mengen gefördert und verarbeitet wurde, war jedoch Ramses III. Dennoch kann man nicht von einer Kolonisierung der Halbinsel Sinai durch die Ägypter sprechen, da sie die Region als ein unwirtliches, ödes Land betrachteten; sie beschränkten sich darauf, Expeditionen zu entsenden und Arbeitslager in der Nähe der Förderstätten zu schaffen.
Beim Wadi Kharig wurden ein Ar-

beitslager mit Fragmenten von Schmelztiegeln aus der 5. Dynastie entdeckt. Außerdem fand man eine Hieroglypheninschrift, die dem Pharao Sahure gewidmet ist, in einem nicht weit davon entfernten Felsen. Beide Fundstücke bestätigen, daß die Ägypter bereits um 2400 v. Chr. in diesem Gebiet waren. Kupfererz und Türkis förderte man aber erst in der 12. Dynastie, d. h. zur Zeit von Amenemhat III., am stärksten. Aus dieser Zeit stammt ein riesiges Mineralschlackenlager, das bei Bir Nasib, nicht weit von Serabit el-Khadem entfernt, gefunden und auf etwa 100000 Tonnen geschätzt wurde.

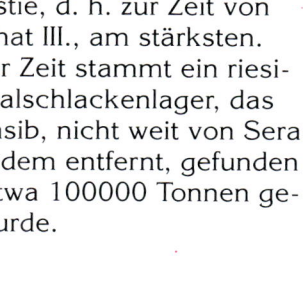

**9 rechts oben**
*Das Flachrelief, das vom englischen Forscher E. H. Palmer 1868 an der Ostwand des Djebel Maghara entdeckt wurde, stellt König Sechemchet aus der 3. Dynastie (gegen 2600 v. Chr.) dar und beweist, daß die Türkisvorkommen des Wadi Maghara bereits in der Antike gefördert wurden.*

**9 Mitte rechts**
*Der Türkis war ein unter den Pharaonen sehr begehrter Edelstein; er wurde auf dem Sinai bereits im Alten Reich, im 3. Jahrhundert v. Chr., gefördert.*

**9 unten rechts**
*In der 18. Dynastie wurde der Tempel von Serabit el-Khadem vergrößert und erhielt sein endgültiges Aussehen.*

## DIE ISRAELITEN, DER EXODUS UND DAS SINAI-GEBIRGE

Vom Aufenthalt der Israeliten in Ägypten, die in den alten Schriften Hapirou genannt wurden, wird bereits zur Zeit von Thutmosis III. und auch unter den Ramses-Pharaonen berichtet. Jene Israeliten waren Steinhauer und Steinträger, Maurer, Zimmerer und Winzer. Sie werden jedoch nur ganz beiläufig erwähnt, z. B. im Papyrustext von Leida 348 oder im Papyrustext Harris I. Diese Texte bestätigen, daß sich die größte jüdische Gemeinschaft in Madjan, beim heutigen Eilat, niedergelassen hatte und mit Ägypten Handel trieb. Keine weitere ägyptische Quelle erwähnt den Exodus. Die einzige Schrift, die Israel erwähnt, befindet sich auf einer Stele (heute im Museum von Kairo) aus dem 5. Regierungsjahr des Pharao Merenptah, Sohn von Ramses II. Wir wissen, daß der Fall Jerichos im Jahr 1250 v. Chr. erfolgte und daß die Israeliten vierzig Jahre lang in der Wüste lebten. Man kann somit annehmen, daß die Ereignisse, die Moses in Ägypten widerfahren waren ungefähr auf das Reich von Ramses II. zurückgehen, als die Arbeiten für die Befestigung des Deltas und der Bau des zukünftigen Pi-Ramses bereits voll im Gange waren. Demnach erfolgte der Exodus spätestens unter der Herrschaft von Merenptah. Glaubt man den klassischen Quel-

len, so verließ das Volk Israel das östliche Delta (bei Pi-Ramses oder Pitom) und begab sich in Richtung des Sinai. Es soll das Rote Meer an einer geographisch nicht genau lokalisierten Stelle durchquert haben (Ex 1). Dieses Ereignis könnte jedoch beim Timsah-See, Manzala- oder Bardawil-See stattgefunden haben. Später bewegten sich die Israeliten in Richtung Süden bis zum „Berg Gottes", der heute dem Djebel Musa gleichgesetzt wird. Von hier zogen sie nach Ezion-Gaber und Eilat und dann wieder nördlich in Richtung von Kadesh-Barnea, das zum wichtigsten Stützpunkt der Israeliten für die Eroberung des Gebietes werden sollte. Es ist jedoch ziemlich unwahrscheinlich, daß dies tatsächlich der im Laufe des Exodus eingeschlagene Weg war. Eine solche Route ergibt keinen Sinn, zumal die Nahrungs - und Wasserversorgung auf dieser Strecke äußerst eingeschränkt war. Man hat also vermutlich einen anderen Weg gesucht, den man den „nördlichen Weg" nannte. Er verläuft zuerst parallel zur Mittelmeerküste und biegt dann nach Süden ab, wo er den Djebel Halal und sodann Kadesh-Barnea erreicht. In diesem Gebiet muß sich wahrscheinlich der wahre, in der Bibel erwähnte Berg Sinai befinden.

*10 oben*
*Eine Palmengruppe hebt sich von der trockenen Erde des Sinai ab und bildet einen merkwürdigen Kontrast zu den warmen Farben des Sand- und Kalkgesteins der Berge in diesem Gebiet.*

*10 unten*
*Kamele waren für lange Zeit das einzige Transport- und Fortbewegungsmittel auf den unwegsamen Pisten des Sinai.*

**11 oben**
Der Osthang des
Djebel Musa ragt
majestätisch in
den wolkenlosen
Himmel.
Auf der Spitze kann
man die kleine Kapelle der Dreifaltigkeit erkennen.

**11 Mitte**
Neben dem Djebel
Musa wurden auch
andere hohe Berge
dieses Gebietes wie
der Djebel Serbal
oder der Djebel Katherin (hier vom
Wadi Zawatin aus
gesehen), die alle
höher als 2000 m
sind, als die „wahren" Berge Gottes
bezeichnet. Ab dem
4. Jahrhundert n.
Chr. jedoch bezeichneten Mönche und
Einsiedler den Djebel Musa als den
Berg, auf dem Gott
dem Moses erschien. Dort wurden kleinere Kapellen sowie Einsiedeleien errichtet.

**11 unten**
Das Katharinenkloster liegt im
Wadi el-Deir. In der
Ferne öffnet sich die
weite Ebene el-Raha.
Der Überlieferung
nach zogen die Israeliten im Laufe ihres Exodus längs
der Küste des Golfes
von Suez und
durch das Wadi Faran in den Sinai
hinein; hier ließen
sie sich in der Ebene el-Raha nieder,
wo sich der Berg erhebt, der später Djebel Musa oder Mosesberg genannt
wurde.

# ZEITGESCHICHTE

1978 unterzeichneten der ägyptische Präsident Sadat und der israelische Ministerpräsident Begin in Gegenwart des amerikanischen Präsidenten Carter die Vereinbarungen von Camp David, die den Schlußstrich unter eine lange Periode der Feindseligkeit zwischen beiden Staaten setzten.

Im Anschluß daran zogen sich die israelischen Truppen aus dem Sinai zurück. In dieser heiklen Phase fungierte die UNO als Garant für den Frieden und der Einhaltung des Abkommens.

Der Sinai wurde in drei Zonen geteilt, in denen die Militärpräsenz Ägyptens gemäß den getroffenen Vereinbarungen eingeschränkt werden sollte; das gleiche galt für das israelische Grenzgebiet.

Die „multinationalen Streitkräfte und Beobachter" traten 1982 auf den Plan, als das Mandat der UNO auslief. Es handelt sich dabei um eine internationale, unabhängige Organisation, die in gleichem Maße von der Arabischen Republik, von Ägypten, von Israel und von den Vereinigten Staaten sowie mit Beiträgen Deutschlands und Japans finanziert wird. Diese Organisation hat die Aufgabe, über die Einhaltung des Friedensabkommens zu wachen. Sie berichtet über Verletzungen der Vorschriften hinsichtlich der Einschränkung des Personals und der militärischen Anlagen in den vier Gebieten. Gleichzeitig soll sie den freien Durchgang in der Meerenge von Tiran und in den südlichen Gewässern des Golfes von Akaba gewährleisten. Die vier Zonen wurden als Zone A, Zone B, Zone C und Zone D bezeichnet. In Zone A darf Ägypten eine Infanteriedivision von 22000 Soldaten mit den entsprechenden Militär- und Befestigungsanlagen als Frühwarnsystem unterhalten.

In Zone B darf Ägypten vier Bataillons von 4000 Mann mit den entsprechenden Militär- und Befestigungsanlagen sowie bewaffnete Küstenwachposten mit eingeschränkter Reichweite stationieren. In Zone C befinden sich nur Mitglieder der MFO, obwohl Ägypten berechtigt ist, dort leichtbewaffnete, nicht militarisierte Polizeieinheiten zu postieren.

Zone D wird von vier israelischen Infanterie-Bataillons mit insgesamt 4000 Mann als Frühwarnsystem besetzt. Die Funktionen der MFO sind heute noch voll gerechtfertigt und jeder, der den Sinai besucht, kann die ständig hin- und herfahrenden Fahrzeuge mit dem Kennzeichen der MFO und der „Taube" Picassos als Friedenssymbol sehen. Unterstützt wird die MFO von den USA, Australien, Kanada, Kolumbien, Frankreich, den Fidschi-Inseln, Italien, Neuseeland, den Niederlanden und Uruguay. Die Militäreinheiten sind auf zwei Truppenstützpunkte verteilt, auf das nördliche Lager von Gorah (ca. 20 km südlich der Mittelmeerküste) und auf das südliche Lager bei Sharm el-Sheikh. Italien nimmt an der internationalen Friedensmission mit drei Minensuchbooten teil, die im Hafen von Sharm el-Sheikh vor Anker liegen. Die italienischen Soldaten haben die Aufgabe, die freie Schiffahrt in der Meerenge von Tiran und am südlichen Eingang des Golfes von Akaba zu gewährleisten.

*12 oben*
*Die weite Naama-Bucht öffnet sich direkt nördlich von Sharm el-Sheikh. In wenigen Jahren wird der Fremdenverkehr den gesamten Küstenstreifen erobert und ihn in das größte Touristenzentrum des Sinai verwandelt haben.*

*12 Mitte*
*An der Mündung eines großen Wadi ins Meer befindet sich die kleine Stadt Dahab – ein beduinisches Wort, das, sich an die Farbe der Strände anlehnend, „Gold" bedeutet.*

*12 unten*
*Eine der Aufgaben der MFO ist die Kontrolle der Fahrzeuge in der Zone C, so daß keine nicht genehmigten Bewegungen von Militärfahrzeugen erfolgen. Auf dem Bild ist eine Kontrollstelle der MFO längs der Straße, die zum Katharinenkloster führt, zu sehen.*

*13 unten*
*Durch internationale Abkommen wurde das ägyptische Sinaigebiet in drei Zonen geteilt – A, B und C –, während sich eine vierte Zone D im Osten, auf israelischem Hoheitsgebiet, befindet. In diesen Gebieten unterliegt die Truppenpräsenz strengen Einschränkungen. Die Kontrollen werden von einem internationalen Korps durchgeführt, das MFO – **M**ultinational **F**orces & **O**bservers – genannt wird.*

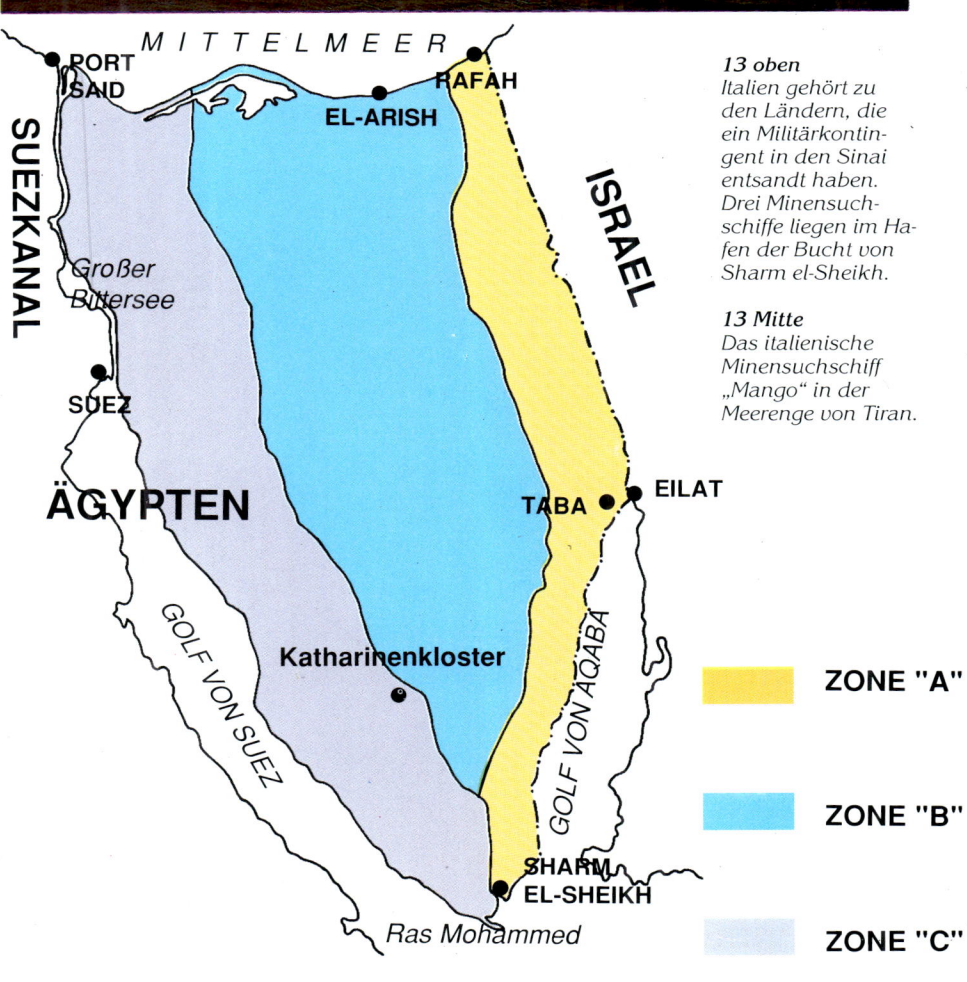

ZONE "A"

ZONE "B"

ZONE "C"

*13 oben*
*Italien gehört zu den Ländern, die ein Militärkontingent in den Sinai entsandt haben. Drei Minensuchschiffe liegen im Hafen der Bucht von Sharm el-Sheikh.*

*13 Mitte*
*Das italienische Minensuchschiff „Mango" in der Meerenge von Tiran.*

## BEDUINEN DES SINAI

Die Beduinen sind das Nomadenvolk der Wüste schlechthin, was auch der Name schon anklingen läßt: Das arabische Wort bedu bedeutet „Einwohner der Wüste". Die riesigen Sandgebiete und die unwirtlichen Berge der Wüste sind ihre Heimat, ihr unangefochtenes Reich. Dieses Volk ist seit jeher daran gewöhnt, in Zelten zu leben und mit seinen Kamelen und Ziegen je nach Jahreszeit auf der Suche nach Weidegründen durch die Wüste zu ziehen.

Mit der typischen djellabah (einem langen, weißen Gewand) und der kaffya (dem rechteckigen Kopftuch auf dem Kopf), die vom ugal (der doppelten Kordel, die ursprünglich aus gezwirnten Ziegenhaaren, heute jedoch aus Baumwolle hergestellt wird) gehalten wird – so stellen wir uns heute noch die Wüstenmenschen, hoch auf ihren Kamelen sitzend, vor.

Es handelt sich um eine von der Stammesordnung beherrschte Gesellschaft, die ihre Lebensgrundlage aus dem Nomadentum bezieht, das heute aber einen tiefgreifenden Wandel durchlebt. Über kurz oder lang wird ein Identitätsverlust der Nomadenvölker unvermeidlich sein.

Die Beduinen, die sich auf über fünfzig Stämme aufteilen, nehmen ein sehr ausgedehntes Gebiet ein, das die arabische Halbinsel, Syrien, Jordanien, Israel, den Sinai und die östliche Wüste umfaßt. Die etwa 50000 auf dem Sinai lebenden Beduinen bilden ungefähr zehn Stämme, die aus der Verschmelzung älterer Gruppierungen hervorgegangen sind. Weitere Stämme, die erst vor kurzer Zeit auf der Halbinsel eingetroffen sind, kommen hinzu.

*14 oben*
*Eine junge, unverheiratete Beduinenfrau zeigt sich mit unverschleiertem Gesicht. Die geflochtenen Haare sind jedoch von einem Tuch bedeckt.*

*14 unten*
*Das Kamel war von größter Bedeutung für die in der Wüste lebenden Beduinen. Teilweise sind an seine Stelle heute zwar Autos getreten, aber dennoch bleibt das Kamel eine der wichtigsten Touristenattraktionen und das einzige Transportmittel für die Erforschung der unwegsamsten Gebiete des Sinai.*

**15 oben**
*Die typische männliche Kopfbedeckung der Beduinen, ein Stück Stoff,* kheffia *genannt, das vom* ugal, *einer Kordel, gehalten wird.*

**15 Mitte**
*Eine Beduinenfrau hält das Gesicht mit dem typischen* burqu *verdeckt, an dem Schmuck und Münzen aus Gold oder Messing befestigt sind.*

**15 unten**
*Ein Beduinenkind mit der traditionellen Kopfbedeckung lächelt dem Fotografen zu.*

**15 rechts unten**
*Die Zeichnung zeigt die territoriale Verteilung der verschiedenen Beduinenstämme des Sinai.*

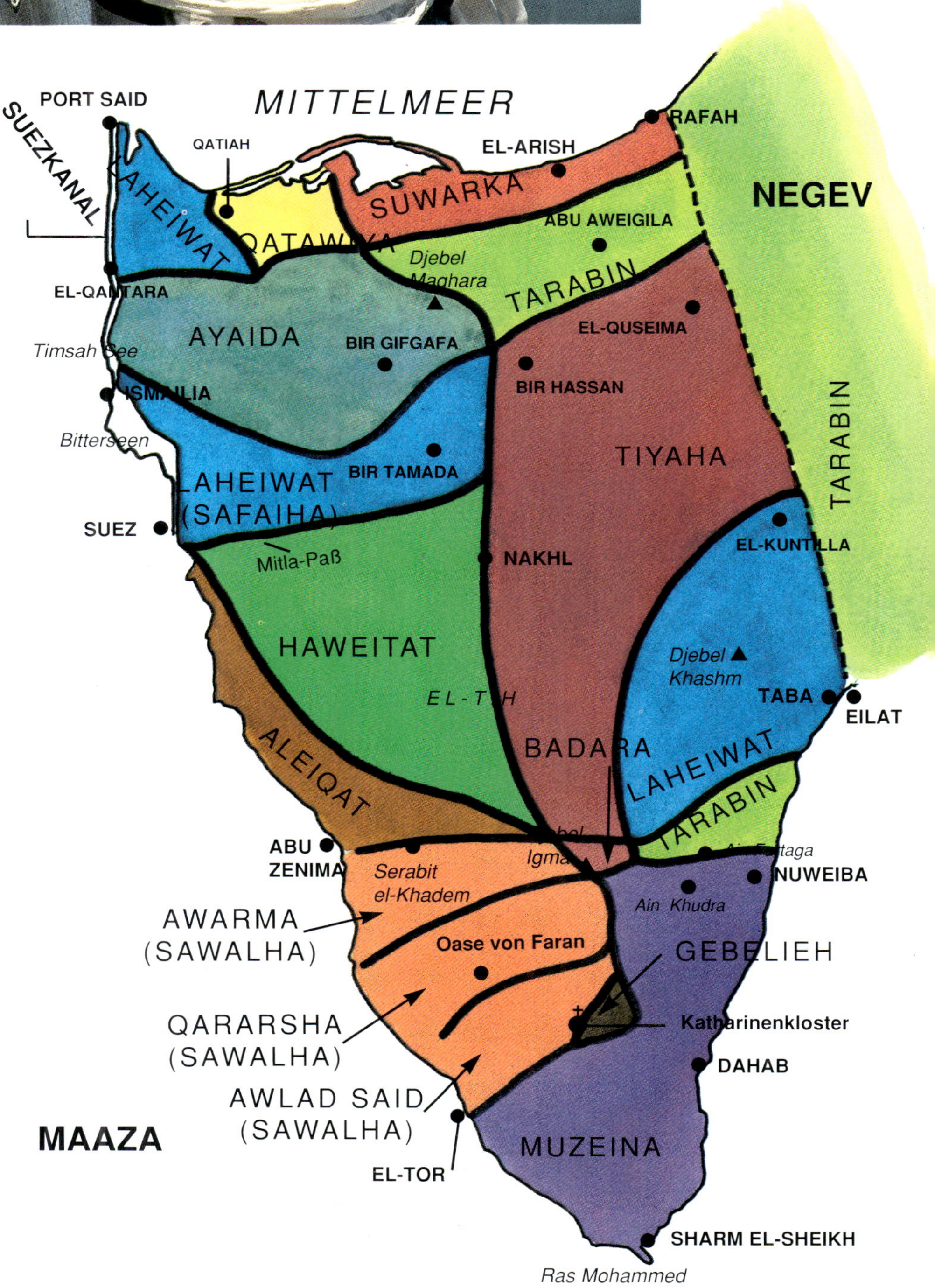

MITTELMEER

PORT SAID
QATIAH
EL-ARISH
RAFAH
SUEZKANAL
LAHEIWAT
QATAWLA
SUWARKA
ABU AWEIGILA
NEGEV
EL-QANTARA
Djebel Maghara
TARABIN
Timsah See
AYAIDA
BIR GIFGAFA
EL-QUSEIMA
ISMAILIA
BIR HASSAN
TARABIN
Bitterseen
LAHEIWAT (SAFAIHA)
BIR TAMADA
TIYAHA
SUEZ
EL-KUNTILLA
Mitla-Paß
NAKHL
HAWEITAT
Djebel Khashm
TABA
EL-TIH
EILAT
ALEIQAT
BADARA
LAHEIWAT
ABU ZENIMA
Igma
TARABIN
Serabit el-Khadem
Ain Furtaga
NUWEIBA
AWARMA (SAWALHA)
Ain Khudra
Oase von Faran
GEBELIEH
QARARSHA (SAWALHA)
Katharinenkloster
AWLAD SAID (SAWALHA)
DAHAB
MAAZA
MUZEINA
EL-TOR
SHARM EL-SHEIKH
Ras Mohammed

15

## DIE BEDUINEN DES NÖRDLICHEN SINAI

Die im nördlichen und zentralen Sinai lebenden Beduinen bilden einige große Stämme, die kleinere Gruppen und Stämme aufgenommen haben: Die Suwarka, der größte Stamm, leben in den Gebieten längs der Mittelmeerküste des Sinai, bei Bir el-Abd, während weiter im Westen zwei kleinere Stämme zu Hause sind: die Qatawiya bei Bir Qatia und die Masaid im Gebiet zwischen dem Dorf Rumani und dem Suezkanal. Die Tarabin, die ursprünglich aus Palästina stammen, haben sich im Gebiet des Djebel Maghara, des Djebel Hallal und bei Abu Aweigila niedergelassen. Weiter südlich leben die Tiyaha, die ebenfalls aus Palästina stammen und das Gebiet zwischen der Oase el-Quseima im Norden und dem Städtchen Nakhl im Westen, bis

hin zur Oase el-Kuntilla im Süden einnehmen. Dem Stamm der Tiyaha hat sich der kleine Stamm der Badara angeschlossen, der im Gebiet des Djebel Igma lebt. Im Gebiet zwischen el-Kuntilla und Akaba leben die Laheiwat, von denen sich einige (die sich auch Safaiha nennen) im nördlichsten Teil der Küste des Golfes von Suez und längs des Kanals bis hin zu den Bitterseen niedergelassen haben. Ihre Gebiete reichen östlich bis nach Bir Gifgafa und Tamad. Zwischen dem Gebiet der Laheiwat und dem der Tiyaha lebt der große Stamm der Haweita auf einer dreieckigen Fläche südöstlich von Suez beim Djebel Raha. Der Stamm der Aiyada schließlich nimmt ein Gebiet zwischen dem Suezkanal, nördlich von Ismailia und dem Djebel Maghara ein.

*16 oben*
*Die Kleidung der Beduinenfrauen weist auf ihren sozialen Status hin: Auf dem Bild kann man eine verheiratete Frau sehen; ihr Gesicht ist teilweise von einer waqa genannten Haube verdeckt, die ihrerseits von einem Stück Stoff überzogen ist. Auf dem Anhänger sind Gold- und Silbermünzen befestigt.*

*16 Mitte*
*Zwei Beduinen warten im Norden von Naama Bay mit ihren gesattelten Kamelen auf Touristen. Für diese Völker, die heute zum großen Teil seßhaft geworden sind, ist der Tourismus eine wichtige Einnahmequelle.*

*16 unten*
*Das klassische Beduinenzelt, Symbol des Nomadenlebens, wird heute immer mehr von Buden aus Blech, Karton oder Holz verdrängt, die sich für ein seßhaftes Leben besser eignen.*

## DIE BEDUINENSTÄMME DER SÜDLICHEN SINAI-HALBINSEL: DIE TOWARAS

Zu den ersten beiden Stämmen, die sich zur Zeit der muslimischen Eroberung Ägyptens auf der Sinai-Halbinsel niedergelassen hatten, den Aleiqat und den Sawalha, gesellten sich bald die Muzeina und die Maaza, die heute vornehmlich in der östlichen Wüste an den Küsten des Roten Meeres und in den Bergen des Westens leben. Auch die Haweitat ließen sich hier nieder. Alle diese Stämme verschiedenen Ursprungs, die den Sinai besiedelten und ihrerseits in mehrere Untergruppen aufgeteilt sind, werden mit dem Gesamtbegriff Towaras oder Araber von el-Tor bezeichnet. Die Aleiqat haben ihr Territorium bei Abu Zenima und längs der Küste des Golfes von Suez. Mit den Aleiqat können die Tarabin in Verbindung gesetzt werden, die sowohl nördlich von Nuweiba als auch im nördlichen Sinai leben (in der Region von el-Arish und im Gebiet des Djebel Maghara), obwohl sie sich ihren Lebensraum vorwiegend in Jordanien und Israel geschaffen haben. Die Sawalha umfassen drei weitere Stämme: die Awarma, die Qararsha und die Awlad Said; sie leben im Gebiet von el-Tor. Die Muzeina dagegen besiedeln die Küsten des Golfes von Akaba. Unter all diesen Beduinenstämmen darf man die Hitheim nicht vergessen, die keinen echten Stamm, sondern eine relativ uneinheitliche Gruppe aus Mitgliedern verschiedenen Ursprungs darstellen, die infolge der Aufsplitterung kleiner örtlicher Stämme entstand. Die Hitheim leben sowohl im Sinai als auch im Gebiet von Hedjaz in Jordanien. Sie bestreiten ihren Unterhalt durch Kamelzucht, werden von den anderen Beduinen jedoch verachtet. Schließlich gibt es noch den Stamm der Djebelieh, was „Bergbewohner" bedeutet. Sie stellen einen Fall für sich dar, denn die Djebelieh sind keine echten Beduinen, sondern Nachfahren jener ursprünglich aus Bosnien und der

**17 oben**
*Große Doppelsäcke für Lebensmittel und Gegenstände vervollständigen die Ausrüstung des Kamels. Die Farben und Muster sind je nach Stamm und Region verschieden.*

**17 Mitte**
*Der Mahlstein, der von den Beduinen für die Bereitung von Mehl für ihr typisches, ungesäuertes Brot benutzt wird, das aesh genannt wird, ähnelt den Mahlsteinen, die von den Völkern des Neolithikums verwendet wurden.*

**17 unten**
*Der Kamelsattel der Beduinen besteht aus einem einfachen Holzrahmen mit der Form von zwei umgekehrten „Vs", die auf beiden Seiten durch Holzkreuze verbunden sind. Dieser Rahmen wird mit Stoff oder Fell bezogen, um ihn bequemer zu machen.*

**18 oben**

*Die Beduinen des Stammes der Djebeliah, die im Gebiet um das Katharinenkloster leben, bestreiten ihren Lebensunterhalt vorwiegend als Fremdenführer oder Organisatoren von Trekkingtouren. Die herrlichen Wanderwege zwischen diesen Bergen können* *nämlich nur zu Fuß oder mit dem Kamel begangen werden. Kamele befördern auch Lebensmittel und Wasser sowie das ganze für einen mehrtägigen Aufenthalt in den Bergen erforderliche Material.*

**18 unten**

*Selim Barakat Selim aus der Beduinenfamilie der Barakat, übt seine Herrschaft im Gebiet von Serabit el-Khadem aus. In diesem vom Tourismus noch relativ unberührten Gebiet ist das Ritual der Zubereitung des shai, des Beduinentees, ein wichtiger Bestandteil im Tagesablauf.*

Walachei stammenden Familien, die Kaiser Justinian dem Katharinenkloster zugeteilt hatte. In manchen Fällen weisen diese Menschen „besondere" körperliche Merkmale auf, wie z. B. blaue Augen oder rote Haare, die ihren europäischen Ursprung verraten. Die Djebeliah bekehrten sich bald zum Islam, übten ihre Arbeit im Dienste des Klosters jedoch weiter aus und werden aus diesem Grund auch *sebayat el-Deir* („Diener des Klosters") genannt. Wie die Hitheim werden auch sie mit einer gewissen Verachtung betrachtet. Die beschriebenen Strukturen verändern sich ständig, denn der Trend zur Seßhaftigkeit, der bereits im vorigen Jahrhundert begann, hat sich in den letzten Jahren beschleunigt.

Die Zelte weichen mehr und mehr soliden Hütten aus Blech, auf deren Dächern die Antennenwälder nicht zu übersehen sind; die Kamele werden gegen Autos getauscht, der Tourismus ersetzt das Hirtentum. Immer mehr Beduinen werden von der Fremdenverkehrsindustrie aufgenommen – als Fremdenführer, Fahrer oder Veranstalter von Ausflügen in die Wüste auf dem Kamelrücken. Gekrönt sind solche Expeditionen von einem „Beduinenmahl", einer touristischen Nachstellung des ursprünglichen Beduinenlebens. Die Traditionen, die Bräuche und Sitten der Beduinen haben sich jedoch verändert.

Ihre sprichwörtliche Gastfreundlichkeit, stets von dem Angebot des shai bil nana, dem klassischen Minzetee begleitet, beschränkt sich heute auf eine gegen Entgelt verrichtete Dienstleistung. Es ist zur Regel geworden, daß der Tourist für das Foto eines Beduinen, aber auch eines Zeltes oder Kamels bezahlen muß.

Wer kann es den Beduinen verdenken? Diese heute seßhaft gewordenen Nomaden mußten sich einer immer schwieriger werdenden Welt anpassen, die ihnen Tag für Tag feindlicher gesinnt war. Aber die wenigen Touristen, die den Mut und die Lust haben, dem Hauptstrom des Fremdenverkehrs zu entfliehen und sich zu Fuß oder auf dem Kamelrücken in die wilderen Gebirgsregionen des Sinai zu begeben, werden früher oder später auf eine kleine Gruppe von Beduinen stoßen, die sich nicht anpassen wollen. Wenn sie es verstehen, mit Geduld und Feingefühl Kontakt aufzunehmen, werden sie die Überreste einer uralten Kultur entdecken, die auf großen Idealen aufbaut: Ehre, Stolz, Mut und Gastfreundlichkeit.

*19 oben*
*Zwei Beduinenmädchen an der Küste südlich von Nuweiba.*

*19 Mitte*
*Das Fischen von kleinen Schalentieren vor der Küste ist eine wichtige Tätigkeit der Beduinenfrauen von Dahab.*

*19 unten*
*Am Brunnen der Oase Ain Hudra haben sich seit Urzeiten Nomadenstämme niedergelassen. Eine Bestätigung dafür sind die vielen Felsenzeichnungen in diesem Gebiet. Die wichtige Wasser-* *stelle befindet sich längs des Karawanenwegs, der durch das Wadi Hudra und das Wadi Ghazala führt und das Gebiet von Nuweiba mit dem des Katharinenklosters verbindet.*

# DER ISTHMUS UND DER SUEZKANAL

**20**
*Am Horizont zeichnet sich der Umriß der Gebäude des Hafengebiets von Suez,* *das Port Tawfik genannt wird, ab. Suez wurde im Laufe des Sechs-Tage-Kriegs größtenteils zerstört.*

PORT SAID

Port Fuad

Qantara Gharb

Qantara Sharq

Fährschiff

Fährschiff

**21**
*Zahlreiche Schiffe durchqueren seit über einem Jahrhundert Tag für Tag den Suezkanal. Er blieb während des Krieges zwischen Ägypten und Israel sechs Jahre lang geschlossen, wurde 1974 wieder eröffnet und verbreitert, um die Durchfahrt größerer Schiffe zu ermöglichen.*

**Ferdan**

Fährschiff

**ISMAILIA**

*Timsah See*

*Großer Bittersee*

*Kleiner Bittersee*

**Ahmed-Hamdi-Tunnel**

Fährschiff

**SUEZ**

Der Isthmus von Suez ist ein Sandstreifen, der sich über etwa 164 km in Nord-Süd-Richtung erstreckt und von drei Wasserbecken unterbrochen wird: dem Timsah-See im Norden und den Bitterseen etwas südlicher. Dieser Streifen trennt das Rote Meer vom Mittelmeer und das Nildelta von der Sinai-Halbinsel. Diese natürliche Barriere zwischen den zwei großen Meeren der alten Welt stellte ein enormes Hindernis für die Entwicklung des Handels dar. Seit dem Altertum trugen sich die Menschen mit dem Vorhaben, die naturgegebenen Bedingungen zu verändern und einen Kanal zu graben, der eine direkte Verbindung längs der Nord-Süd-Achse zwischen dem Roten Meer und dem Mittelmeer schaffen sollte. Die erste Verwirklichung eines Wasserwegs durch die Landzunge von Suez, der das Mittelmeer aber nicht mit dem Roten Meer, sondern das Rote Meer über den Timsah-See mit

dem Nil verband, geht vermutlich auf das Mittlere Reich unter Sesostris I. um das Jahr 2000 v. Chr. zurück. Zwar sind von diesem ersten Kanal heute keine Spuren mehr zu sehen, doch erzählt Herodot, daß Pharao Necho im Jahr 600 v. Chr. beschlossen hatte, einen Kanal durch den Landstreifen von Suez graben zu lassen (vgl. Erzählungen, II, 159). Das Vorhaben wurde nach dem Tod des Herrschers aufgegeben, aber etwa ein Jahrhundert später, gegen 510 v. Chr., von Darius, dem Perserkönig, wieder aufge-

nommen. Der Kanal begann am Nil, etwa in Höhe der Stadt Bubastis, zog sich am Wadi Tumilat entlang und erreichte durch den Timsah-See den Golf von Suez. Diese Wasserstraße, die bis zur Zeit Alexanders in Funktion war, wurde später von den römischen Kaisern wieder eröffnet und benutzt, insbesondere von Trajan. Zur Zeit der arabischen Herrschaft, gegen 645 n. Chr., wurde der alte Kanal restauriert, um den Handel zwischen dem Niltal und Mekka zu fördern, aber gegen Ende des 8. Jahrhunderts wurde er aus wirtschaftlichen Gründen vernachlässigt und versandete. Die Seerepublik Venedig, die die größte Handelsflotte des Mittelmeers und das Monopol des Handels mit dem Orient besaß, erwog zunächst ebenfalls die Einrichtung eines Kanals durch den Isthmus von Suez, verzichtete letztendlich jedoch auf das Unternehmen. Im Staatsarchiv von Venedig wird ein Pergament aus

dem Jahr 1504 aufbewahrt, in dem der Vorschlag für die Aushebung eines Kanals dem Zehnerrat vorgelegt wird.
Man mußte mit dem Beginn der Kanalarbeiten bis zum 19. Jahrhundert warten, genauer gesagt, bis zum 25. April 1859. Initiator war der französische Diplomat Ferdinand de Lesseps, dessen Projekt vom Prinzen Said, dem späteren Khedive Ägyptens, unterstützt wurde. Zehn Jahre harter Arbeit waren erforderlich, um den Plan zu verwirklichen. Am 17. November 1869 wurde der

Suezkanal feierlich eingeweiht, als der Khedive und Kaiserin Eugénie, Ehefrau von Napoleon III., an Bord der kaiserlichen Yacht „Aigle" den Kanal von Port Said nach Suez durchquerten. Zum ersten Mal in der Geschichte der Menschheit standen das Rote Meer und das Mittelmeer in direkter Verbindung. Die für die Durchführung der Arbeiten erforderlichen finanziellen Mittel wurden durch das in die Suezgesellschaft eingeflossene Auslandskapital bereitgestellt; demzufolge wurde die Suezgesellschaft für 99 Jahre Eigentümerin des Kanals. Die nicht nur für den Handel, sondern auch vom militärisch-strategischen Gesichtspunkt aus große Bedeutung des Kanals, die anfänglich vielleicht etwas unterbewertet wurde, nahm in den Jahren nach seiner Eröffnung stetig zu. 1875 erwarb die britische Regierung 44 Prozent der Aktien der Suezgesellschaft. Im Jahre 1888 unterzeichneten die größten europäischen Länder die Konvention von Konstantinopel, die die freie Durchfahrt durch den Kanal und seine Neutralität gewährleistet. Gegen Anfang der 50er Jahre und zusammen mit dem Aufstieg Nassers und seiner Politik sozialistisch-nationalistischer Prägung wurde die Neutralität des Suezkanals wie ein Angriff auf die Gebietshoheit Ägyptens empfunden. Am 26. Juli 1956 wurde der Suezkanal folglich nationalisiert und der Kontrolle der Gesellschaft, die ein Eigentumsrecht bis 1968 hatte, entrissen. Einige Monate später, am 5. November, entsandten die größten europäischen Mächte, Frankreich und England, als Antwort auf die von Nasser durchgeführte Enteignung, Truppen in das Gebiet des Kanals, nach Port Said, Port Fuad und Ismailia. Doch der Einspruch der USA und der UdSSR bei der UNO bereitete diesem Einsatz ein Ende, und die französisch-britischen Truppen mußten noch im Dezember desselben Jahres wieder abziehen. Ägypten erhielt die Anerkennung seiner unverletzbaren Gebietshoheit über den Suezkanal. Obwohl Nasser sich zur Einhaltung

der Konvention von Konstantinopel verpflichtet hatte, durften israelische Schiffe den Suezkanal nicht mehr durchfahren; diese Diskriminierung ließ die Spannung immer stärker werden, und schließlich sperrten die arabischen Nationen die Meerenge von Tiran. Die Reaktion Israels ließ nicht auf sich warten: Im Verlauf des Sechs-Tage-Kriegs riß Israel den Besitz des Sinai bis hin zum Ufer des Suezkanals an sich, und der Kanal blieb zum ersten Mal in seiner Geschichte bis gegen Anfang 1974 geschlossen. Durch das Abkommen von Camp David wurde der Suezkanal im Februar 1974 wieder geöffnet. Neue Grabungsarbeiten wurden unternommen, um die Schiffsstraße zu verbreitern und zu vertiefen. Die israelischen Schiffe erhielten die Genehmigung zur Durchfahrt durch den Kanal, so wie es in der Konvention von Konstantinopel vorgesehen war. Jeder, der sich heute über den Landweg auf die Halbinsel Sinai begibt, muß diesen Kanal überqueren. Um den Übergang zu erleichtern, der ausschließlich von zahlreichen Fähren nördlich von

Suez und Ismailia, bei Ferdan und el-Qantara gewährleistet wurde, hat man 1980 einen Unterwassertunnel mit einer Länge von 1600 m eingeweiht, der eine raschere Verbindung der beiden Ufer ermöglicht; trotzdem sind die Fährschiffe noch heute in Betrieb. Der Tunnel, dessen Bau fünf Jahre Arbeit erforderte, wurde nach dem ägyptischen Offizier Ahmed Hamdi benannt, der 1973 während des Jom-Kippur-Krieges (Oktober 1973) gefallen war.

---

**PRAKTISCHE HINWEISE**
Der Ahmed-Hamdi-Tunnel ist während des ganzen Jahres täglich von 6 Uhr bis 20 Uhr geöffnet. Die Durchfahrt kostet ein ägyptisches Pfund pro Auto. Auf Anfrage der Behörden müssen Paß, Führerschein oder Fahrzeugpapiere vorgezeigt werden. Die Fährschiffe sind dagegen kostenlos benutzbar und ständig in Betrieb.

## DER NÖRDLICHE SINAI

Der nördlichste Teil der Halbinsel, dessen Küsten vom Mittelmeer umspült werden, ist ein an Naturschönheiten und bedeutenden archäologischen Zeugnissen reiches Gebiet.

Die Region ist touristisch noch vollkommen unerschlossen, und auch in Reiseführern fehlen jegliche Informationen. So wird das Gebiet von Touristen kaum besucht und ist auch in den Programmen der großen Reiseveranstalter nicht zu finden. Wer jedoch beschlossen hat, den nördlichen Sinai zu erforschen, wird von der Schönheit seiner Natur und der Vielzahl der archäologischen Funde begeistert sein. Schließlich war das Gebiet seit der Zeit der Pharaonen von außerordentlicher strategischer Bedeutung, da es praktisch den einzigen Übergang von Ägypten zum Orient bildete (hier verlief

die sog. Horus-Piste, über die die Pharaonen mit ihren Heeren die Feldzüge im Orient führten), wo später wichtige Städte entstehen sollten, die sich insbesondere unter persischer Herrschaft und in griechisch-römischer Zeit entwickelten. Leider ist die Region heute bedroht durch die schwindelerregende Bevölkerungszunahme in Ägypten, die die Erschließung immer neuer Siedlungsgebiete erfordert. Aufgrund eines 1990 von der ägyptischen Regierung verabschiedeten Urbanisierungskonzepts, das auch den Bau neuer Straßen und Kanäle umfaßt, werden viele der archäologisch bedeutenden Orte des nördlichen Sinai vermutlich verschwinden. Auf Initiative der Egyptian Antiquities Organization hin wurde 1992 ein Plan für die Rettung der gefährdeten Gebiete durch die Gründung zahlreicher Ausgrabungsstätten verabschiedet. Die Ausgrabungen werden

von ägyptischen und ausländischen Archäologen geleitet und liefern unzählige wichtige Daten über die Geschichte dieser Region.

### Rundfahrten

### VOM SUEZKANAL NACH EL-ARISH (Küstenstraße)

Die asphaltierte Straße, die parallel zur Mittelmeerküste des Sinai verläuft und den Suezkanal mit el-Arish, der Hauptstadt des nördlichen Sinai, verbindet und schließlich nach Rafah, an die Grenze zu Israel führt, beginnt bei der Stadt el-Qantara Sharq („östliches el-Qantara"). Diese erreicht man über die Straße, die am Ahmed-Hamdir-Tunnel beginnt und nach Norden am Suezkanal entlang führt, oder mit dem Fährboot über den Kanal nördlich von Ismailia, bei el-Qantara Gharb („westliches el-Qantara").

Nach der Durchquerung der neuen Stadt New Qantara Sharq, in der Nähe des archäologischen Ausgrabungsfeldes von Tell Abu Seifa erreicht man einen Checkpoint und sodann das Ausgrabungsfeld Tell el-Herr in der Nähe des Dorfes Galbana, das sich über 30 ha erstreckt und von vielen Forschern der „Festung von Migdol" gleichgesetzt wird, die in der Bibel erwähnt wird. 16 km nach dem Checkpoint, kurz vor dem Dorf Balouza (dessen Name direkt von Pelusium abgeleitet ist), trifft man links auf eine asphaltierte Straße, die von einem großen Schild angezeigt wird und nach Tell el-Farama, der alten Stadt Pelusium, führt. Es handelt sich um die bedeutendste archäologische Ausgrabungsstätte des nördlichen Sinai, wo die Egyptian Antiquities Organization vor kurzem eine große Ausgrabungskampagne unternahm. Nach wenigen Kilometern in nördlicher Richtung gelangt man zu dem archäologischen Gebiet, das sich rechts und links von der Straße erstreckt.

*22*
*Die Ruinen des alten Pelusium dehnen sich auf einem großen Areal am östlichen Ende des Nildeltas aus und sind heute Gegenstand bedeutender archäologischer Forschungen. Pelusium kontrollierte die Verbindungswege zwischen Ägypten und dem Orient und erlangte beachtliche Bedeutung zwischen dem 7. Jahrhundert v. Chr. und dem 6. Jahrhundert n. Chr.*

## PELUSIUM, DAS „TOR ÄGYPTENS"

Das heutige Tell el-Farama war einst eine befestigte Stadt, die zur Zeit der Pharaonen Peremon, „die von Amon Geschaffene", genannt wurde. Dieser alte Name „überlebt" im heutigen Farama, obwohl die Ortschaft eigentlich unter dem griechischen Namen Pelousion – „der Sumpf" – bekannter ist, den man ebenfalls in der Ortsbezeichnung des heutigen nicht weit entfernten Dorfes Balouza wiederfindet. Pelusium, wo der östlichste Zweig des Nildeltas verlief, der sogenannte Pelusische Zweig, wurde bereits im 7. Jahrhundert v. Chr. als das „Tor Ägyptens" bezeichnet, denn die Stadt kontrollierte den östlichen Zugang zum Delta. In der Dynastie der Perser und noch später, in der 30. Dynastie und in der Periode der Ptolemäer, entwickelte sie sich zu einer immer wichtigeren Ansiedlung. Im 2. und 1. Jahrhundert v. Chr. ließen sich Juden und Römer in Pelusium nieder, und auch die aus Palästina geflohene Heilige Familie begab sich nach Pelusium. Nach einer dunklen Periode gewann Pelusium zwischen dem 1. und 3. Jahrhundert n. Chr. als großes Kulturzentrum wieder an Bedeutung, als es nach dem Besuch des Kaisers Hadrian (138 v. Chr.) zur „Römischen Stadt des Ostens" ernannt wurde. Später begab sich auch Diokletian nach Pelusium. Im 4. Jahrhundert wurde die Stadt unter Konstantin Bischofssitz und Hauptstadt einer neuen Provinz, die den nördlichen Sinai und das östliche Delta umfaßte, und Pflichtetappe für alle Pilger, die vom Heiligen Land auf den Sinai zogen. Von diesem religiösen Eifer zeugen zahlreiche Heiligtümer, die bei den Ausgrabungsarbeiten freigelegt wurden: beispielsweise eine große, dreischiffige Kirche bei Tell el-Makhzan im östlichen Stadtgebiet von Pelusium. Im 6. Jahrhundert war Pelusium unter Justinian ein wichtiger Hafen; dann führte die allmähliche Versandung des „pelusischen Zweiges" zum unaufhaltsamen Verfall und Untergang der Stadt. Man kehrt auf die Hauptstraße zurück, die nach el-

Arish führt, und nach 13 km gelangt man zum Dorf Rumana. Von hier kann man über eine asphaltierte Straße die Mittelmeerküste erreichen. Sie ist auf ihrer langen Strecke vom offenen Meer nur durch einen engen Küstenstreifen getrennt. Die so entstandene Lagune nimmt eine Fläche von über 60000 ha ein: Es handelt sich um den Bardawil-See, ein Gebiet von großer naturwissenschaftlicher Bedeutung, denn hier rasten und nisten viele Vögel. Der von den klassischen Autoren „Lacus Sirbonis" genannte Bardawil-See verdankt seinen Namen der im Arabischen entstellten Umschrift des Namens Balduin: Man glaubt zu wissen, daß zur Zeit des ersten von König Balduin angeführten Kreuzzugs ein befestigter Stützpunkt in der Nähe der Lagune gebaut worden war. Das Gebiet des Bardawil-Sees ist auch historisch von einiger Bedeutung, denn der See lag an der Hauptroute, die Ägypten mit dem Orient verband. Glaubt man den Verfechtern des nördlichen Exodus-Weges, stimmt er mit dem Ort überein, wo die Israeliten, von den Ägyptern verfolgt, das „Rote Meer" durchquerten. In der Bibel (vgl. Ex, 13, 17-15, 21) wird der Ort der Durchschreitung des Meeres als yam suf bezeichnet, korrekt übersetzt mit „Schilfmeer" – also nicht mit „Rotem Meer", wie es üblicherweise zu lesen ist.

Diese Bezeichnung „Schilfmeer" kann sich auf zwei verschiedene Gebiete beziehen: einmal die Bit-

terseen und den Timsah-See, durch die heute der Suezkanal führt, und zum anderen das Gebiet des Bardawil-Sees. Die erste mögliche Stelle liegt also an der am häufigsten als Auszugsroute der Israeliten aus Ägypten angeführten Wegstrecke.

Wenn man dagegen annimmt, daß der Exodus wirklich den bereits erwähnten nördlichen Weg nahm, könnten die Flüchtenden den Bardawil-See durchquert haben. Verfechter dieser Theorie meinen – nicht ohne Berechtigung – daß das Heer der Ägypter im ersten Fall das Hindernis leicht hätte umgehen können, um die Verfolgten jenseits des Sumpfgebietes der Bitterseen zu erwarten. Die strategische Bedeutung des Gebietes um den Bardawil-See wird nicht nur durch die befestigten Städte belegt, die den Zugang nach Westen überwachten, sondern auch durch Niederlassungen, die an der Lagune angelegt worden waren. Der Küstenstreifen, der zur Bildung des Bardawil-Sees geführt hat, besteht aus einer dünnen Sandzunge, die im Osten von einer hohen Düne, die el-Guels genannt wird, dominiert wird. Diese Düne kann man dem Mons Kasios (zu Ehren des Jupiter Kasios) der klassischen Autoren gleichsetzen. Sie entspricht der alten Küstenlinie, bevor das Wasser des Mittelmeers die seichteren Küstenteile infolge eines allgemeinen Anstiegs der Weltmeere überschwemmte. Diese sog. flä-

*23*
*Diese grasbewachsenen Sanddünen, auf denen Kamele weiden, bilden die typische Landschaft der Nordküste des Sinai.*

mische Transgression fand im Quartär, vor etwa 8000 Jahren, statt. An dieser Nehrung haben jüngste Forschungen den antiken Hafen Gerrah bei der heutigen Anhöhe Mohammedia nachgewiesen. Außerdem entdeckte man eine Festung aus der 1. Zwischenzeit, die unter Sethi I. rekonstruiert worden war und als das alte Tscharu an dem Ort Tell Hebua identifiziert wurde. Setzt man seinen Weg längs der Hauptstraße durch die Wüstenlandschaft mit goldenen Dünen fort, die hier und dort mit dichten Grasbüschen und manchmal mit hohen Palmgruppen bewachsen sind, trifft man häufig auf Beduinen, von denen die meisten dem

Stamm der Suwarka angehören. Sie leben in Hütten und Zelten in der Nähe der zahlreichen Wasserstellen unweit der Straße. Etwa 34 km nach Rumana gelangt man zu einem kleinen Beduinendorf, Bir el-Abd, „Sklavenbrunnen", wo eine Piste beginnt, die in südlicher Richtung zur archäologischen Stätte Kasserwit führt. Dort sind bei Ausgrabungen Reste aus römischer Zeit sowie Tempelruinen und nabatäische Gräber ans Licht gebracht worden.
Nach Bir el-Abd legt man noch einmal etwa 50 km zurück und bemerkt links eine Straße, die in das Naturgebiet Zaranik am östlichen Ufer des Bardawil-Sees und

zu dem kleinen Fischerhafen Flusya führt. Diese Ortsbezeichnung ist von dem arabischen Wort filus für „Geld" abgeleitet und darauf zurückzuführen, daß die Beduinen hier viele römische Münzen gefunden haben. Hier befinden sich auch die Ruinen der römischen Niederlassung Ostrakine und zweier byzantinischer Kirchen. Das Gebiet um Zaranik, wo zahlreiche Wandervögel rasten, ist für Vogelbeobachter besonders in den Monaten September bis Oktober und März bis April interessant. Obwohl der Zugang zum Bardawil-See schweren Einschränkungen unterliegt, um sein Ökosystem zu schützen, kann man eine Besichtigungsgenehmigung beim North Sinai Governatorate Environmental Office in el-Arish beantragen.
Die Hauptstraße nähert sich nun immer mehr der Mittelmeerküste, an verschiedenen Stellen ist sie von hohen Palmen gesäumt. Man gelangt 23 km nach der Kreuzung, die nach Zaranik führt (140 km nach dem Checkpoint el-Qantara), zum Checkpoint im Vorstadtgebiet von el-Arish, wo sich eine Tankstelle befindet und die Straße zum Flughafen beginnt. Bis zum Stadtzentrum muß man noch ca. 10 km zurücklegen. Dort findet man auch die größten Hotels, die einzigen im gesamten Gebiet. El-Arish, Sitz des Statthalters des nördlichen

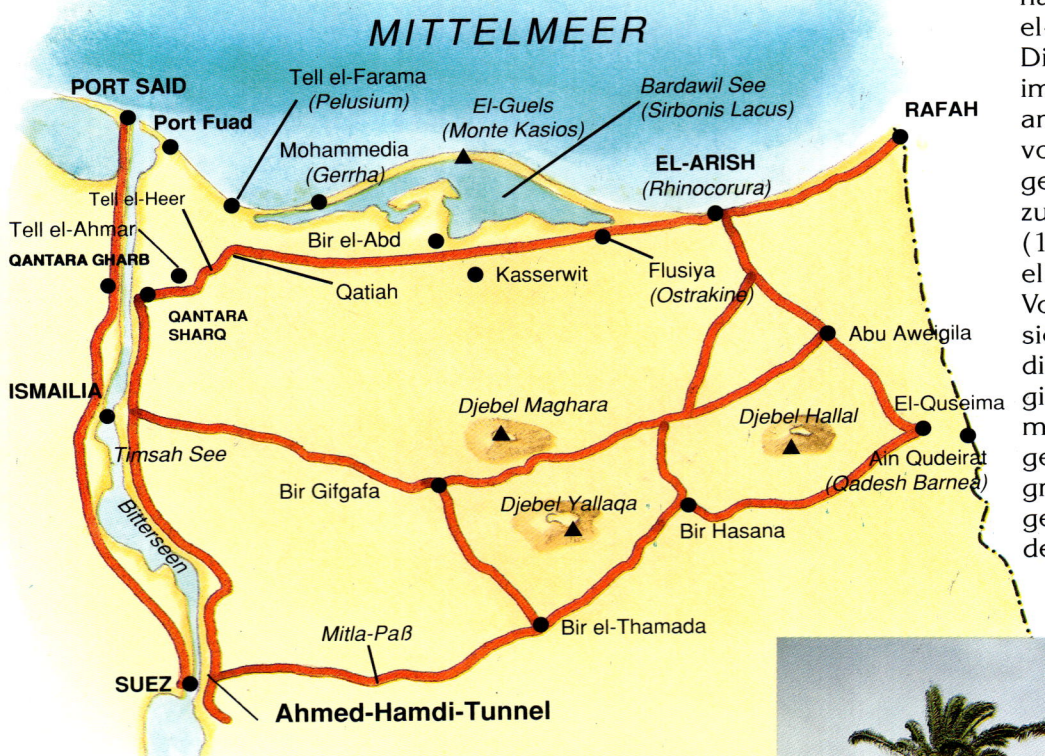

**MITTELMEER**

PORT SAID
Port Fuad
Tell el-Farama
(Pelusium)
El-Guels
(Monte Kasios)
Bardawil See
(Sirbonis Lacus)
RAFAH
Tell el-Heer
Mohammedia
(Gerrha)
EL-ARISH
(Rhinocorura)
Tell el-Ahmar
QANTARA GHARB
Bir el-Abd
QANTARA SHARQ
Qatiah
Kasserwit
Flusiya
(Ostrakine)
ISMAILIA
Abu Aweigila
Timsah See
Djebel Maghara
Djebel Hallal
El-Quseima
Bir Gifgafa
Ain Qudeirat
(Qadesh Barnea)
Bitterseen
Djebel Yallaqa
Bir Hasana
Mitla-Paß
Bir el-Thamada
SUEZ
Ahmed-Hamdi-Tunnel

*24*
*Der berühmte Palmenhain, der einst eine der größten Attraktionen des Strandes von el-Arish war und die alte Stadt Rhinocorura bildete, ist heute Verwaltungshauptstadt des nördlichen Sinai. Die Palmen wurden zum großen Teil zerstört, um Platz für neue Häuser und Fremdenverkehrseinrichtungen zu schaffen.*

*25*
*Zwei Beduinen mit der kheffia, der typischen Kopfbedeckung, ziehen mit ihren Kamelen wie einst über die Wüstenpisten.*

Sinai, hat etwa 70000 Einwohner und ist nicht nur die wichtigste Stadt, sondern auch das größte Seebad der Region. Seine Beliebtheit verdankt es dem riesigen Strand mit dem einst herrlichen Palmensaum, der heute leider nur noch eine Erinnerung ist, denn die hohen Palmen mußten den unzähligen, direkt am Strand entstandenen Bauwerken weichen. El-Arish, äußerster östlicher Vorposten des Reiches der Pharaonen, entspricht der Festung der Ptolemäer und Römer von Rhinocorura. In den Grenzorten wurden häufig die Verbannten exiliert.

Auf den Resten dieser Siedlung wurde später, im Mittelalter, eine befestigte Stadt aufgebaut, die aber bereits 1482, als der Reisende Joos van Ghistele sie besichtigen wollte, nicht mehr existierte. Im folgenden Jahrhundert, 1560, wurde in dem Gebiet des Sultans Suleiman el-Khanuni eine neue Festung errichtet, die bei einem Luftangriff im I. Weltkrieg zerstört wurde und deren spärliche Reste heute noch im Viertel Fuakhariya zu sehen sind. Hier wird mittwochs ein interessanter Beduinenmarkt abgehalten.

Obwohl el-Arish heute keine besonderen landschaftlichen Sehenswürdigkeiten mehr besitzt, ist eine Besichtigung trotzdem interessant: man bietet das vielfältige Handwerk der Beduinen und es gibt ein ethnographisches Museum, das der Kultur der Beduinen des Sinai gewidmet ist: das Sinai Heritage Museum im östlichen Teil der Stadt, in der Nähe des Verwaltungssitzes, an der Straße zum Grenzposten Rafah. Jenseits des Museums und der Kreuzung, an der die Straße beginnt, die zunächst zum Flughafen und dann nach el-Qhuseima, Nakhi oder Ismailia führt (vgl. Rundfahrt el-Arish-Suez), gelangt man nach 30 km zum Dorf Sheikh Zuweid, wo sich eine archäologische Ausgrabungsstätte aus römischer Zeit befindet, die noch nicht systematisch erforscht wurde. Hier wurde das herrliche Mosaik von Sheikh Zuweid aus dem 4. Jahrhundert n. Chr. gefunden, das im Museum von Ismailia aufbewahrt wird. Von Sheikh Zuweid kann man an einen schönen Strand fahren, der von einer roten Granitsäule beherrscht wird. Sie stammt vom Djebel Musa und wurde von den

Israelis zum Gedenken an eine 1971 hier abgestürzte Hubschrauberbesatzung aufgestellt. Man kann aber auch den Weg in östlicher Richtung fortsetzen. Nach 14 km erreicht man Rafah, ein kleines Dorf an der östlichsten Spitze der ägyptischen Küste. Im Norden der heutigen Ortschaft wurde Rafia, eine antike Ortschaft der Ptolemäer und Römer, lokalisiert, aber noch nicht freigelegt. Hier fand 217 v. Chr. die Schlacht statt, in der das Heer von Antiochus III. von Syrien von den Soldaten des Ptolemaios Philopator IV. besiegt wurde.

In Rafah verläuft auch die Grenze zu Israel, die hier südlich bis nach Taba im Golf von Akaba längs der alten Grenzlinie zwischen dem Sinai und dem Osmanenreich verläuft. Sie wurde 1906 von Großbritannien festgelegt und ist heute von einer neuen Straße gesäumt, die eine direkte Verbindung zwischen Rafah und Taba herstellt.

## VON EL-ARISH ZUM SUEZKANAL (innere Straße)

Im äußersten östlichen Bereich von el-Arish, wo sich das Museum und der Sitz des Statthalters befinden, beginnt eine Straße, die in süd-östliche Richtung verläuft und zunächst zum etwa 10 km entfernten Flughafen führt. Nach weiteren 10 km folgt eine Abzweigung. Hier gelangt man über die linke Straße, die nach Südosten führt, zu den Dörfern Abu Aweigla und el-Quseima, wo man über eine ostwärts gerichtete Piste die wichtige archäologische Ausgrabungsstätte von Ain Qudeirat erreicht. Sie entspricht der biblischen Ortschaft Qadesh-Barnea, von der Moses Boten aussandte, um das Land von Kanaan zu erforschen.

In einem ausgedehnten Gebiet haben Archäologen bei Grabungen die Gebäudestrukturen von drei Festungen freigelegt, die nacheinander zwischen dem 10. und dem 6. Jahrhundert v. Chr. erbaut wurden. Schlägt man dagegen die rechte Straße ein, die in südwestlicher Richtung verläuft, dann kreuzt man nach

38 km die Straße, die direkt von dem Dorf Abu Aweigla kommt, und nach weiteren 4 km gelangt man an eine Abzweigung, von wo man in südlicher Richtung zuerst Bir Hasana und dann das Städtchen Nakhl erreicht. Hier vereint sich die Straße mit der vom Ahmed-Hamdi-Tunnel kommenden Straße und führt in Richtung Taba-Nuweiba weiter. Setzt man seinen Weg dagegen in Richtung Westen fort, dann läuft die Straße an der Südseite des eindrucksvollen Djebel Maghara (der nicht mit dem gleichnamigen Berg im mittleren südlichen Sinai ver-

wechselt werden darf) entlang, der von Kalksteinformationen aus dem Jura gebildet wird. Dann gelangt man zur Oase Bir Gifgafa, wo eine Straße beginnt, die heute durch hohe Dünen unterbrochen ist und zur Küste von Bir al-Abd führte. Von Bir Gifgafa zieht sich die Straße in Richtung Westen hin, überquert den Khatmia-Paß und erreicht nach 55 km die Straße, die am Suezkanal entlangführt.

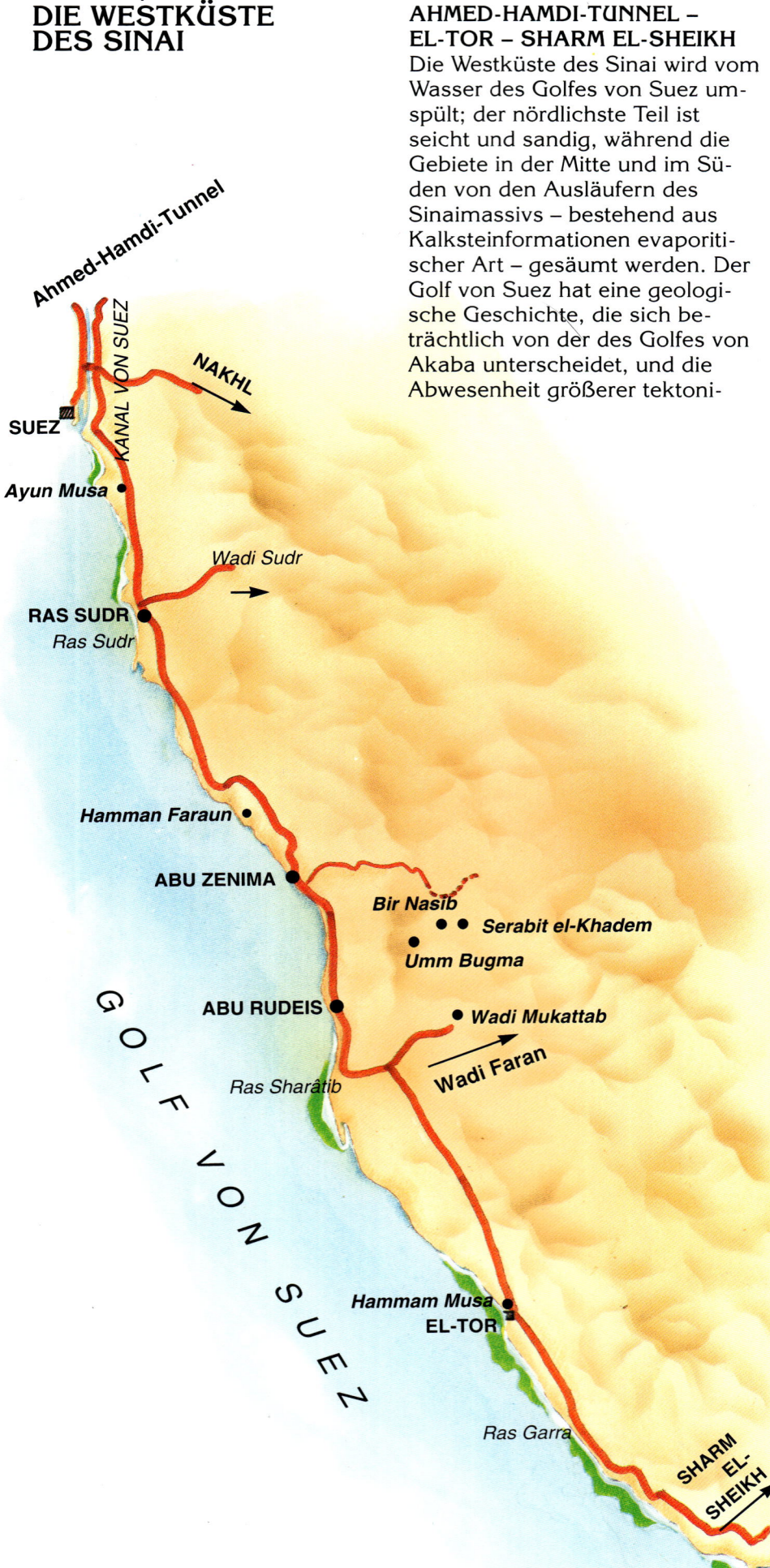

# DIE WESTKÜSTE DES SINAI

**AHMED-HAMDI-TUNNEL – EL-TOR – SHARM EL-SHEIKH**

Die Westküste des Sinai wird vom Wasser des Golfes von Suez umspült; der nördlichste Teil ist seicht und sandig, während die Gebiete in der Mitte und im Süden von den Ausläufern des Sinaimassivs – bestehend aus Kalksteinformationen evaporitischer Art – gesäumt werden. Der Golf von Suez hat eine geologische Geschichte, die sich beträchtlich von der des Golfes von Akaba unterscheidet, und die Abwesenheit größerer tektoni-

scher Vorgänge erklärt die geringe Tiefe. Die starke Verschmutzung des Golfes von Suez, der von unzähligen Schiffen durchquert wird, die in den Kanal ein- und ausfahren, der Teer an den Stränden und das fast völlige Fehlen von Korallenformationen lassen die Westküste des Sinai viel weniger interessant und schön als die östliche erscheinen. Dennoch fehlt es längs dieser Strecke, über die man rasch sowohl das Katharinenkloster durch das Wadi Faran als auch Ras Mohammed und Sharm el-Sheikh erreichen kann, nicht an Sehenswürdigkeiten.

*Rundfahrt*

Nachdem man den Ahmed-Hamdi-Tunnel durchfahren hat, trifft man zunächst auf die große Kreuzung, wo die über Nakhl nach Nuweiba führende Straße beginnt; davor fährt man an einer Tankstelle vorbei (5,5 km) und schließlich an einer Abzweigung (16,5 km), wo man sich links halten und die Hinweise nach el-Tor befolgen muß. Die Straße führt durch eine eintönige, öde Ebene, auf der die zahlreichen Anzeichen des Kriegs gegen Israel zu sehen sind: Wracks von Panzern, Reste von Artillerieposten, Teile von Militär-LKW, Bunker und Ruinen militärischer Festungen. Diese Kriegsrelikte bilden eine Art Freilichtmuseum, vor allem in der Umgebung des kleinen Kaffeehauses vor Ayun Musa. 26,5 km vom Tunnel entfernt und 2 km vor einem ägyptischen Kontrollposten befindet sich rechts die Ortschaft Ayun Musa, „die Quellen Moses", wo sich Moses, wie die Überlieferung besagt, nach der Durchquerung des Roten Meeres niedergelassen haben soll und das Wasser auf wundersame Weise aus dem Sand entspringen ließ. Ayun Musa lag auch auf einer der Etappen längs des irdischen Weges, den die von der Wanderung nach Mekka heimkehrenden Pilger zurücklegen mußten. Inmitten eines dichten Palmen- und Tamariskenhains (etwa 250 m von der Straße entfernt) kann man einige runde Gruben sehen, in denen Brack-

wasser aus dem Boden quillt. Nur eine Quelle, die sich etwa 1 km südwestlich von dieser Palmengruppe in abschüssiger Lage befindet, führt ausreichend Süßwasser, dessen hohe Temperatur den thermalen Ursprung verrät. Diese Quelle wird durch ein Rohrsystem von den örtlichen Beduinen genutzt. In Ayun Musa gibt es eine besonders reiche Vogelwelt, die Ortschaft ist für zahlreiche Raubvögel ein Rastpunkt auf ihren Flugrouten. Jenseits von Ayun Musa schlängelt sich die Straße durch eine eintönige Landschaft, und auch hier sind viele Relikte der vergangenen Kriege zu sehen. Längs dieser Strecke ist es gefährlich, den Asphaltstreifen zu verlassen, denn zu den Seiten der Straße gibt es Minen und Minenfelder. Man gelangt so nach Ras Sudr (61 km vom Ahmed-Hamdi-Tunnel entfernt), wo große Metalltanks auf eine wichtige Erdölraffinerie hinweisen. Eine Tankstelle, eine Reifenreparaturwerkstatt und ein Kaffeehaus befinden sich an der Kreuzung der Straße, die zum Städtchen Ras Sudr führt. Westlich, in Richtung des Strandes, liegt das Sudr Beach Hotel. 4 km nach Ras Sudr kann man in Abu Suweira eine Straße sehen, die zu der eindrucksvollen Festung von Qalaat el-Qundi führt:
Die „Festung des Soldaten" wurde von Sultan Salah el-Din (siehe Rundfahrt) gebaut.
Die Straße führt nun in das große Wadi Wardan. Die Landschaft wird hier von einer Reihe Sanddünen beherrscht. Man gelangt schließlich nach Ras Materma (81,5 km vom Tunnel entfernt), wo sich ein breiter Strand mit einem Campingplatz und dem Feriendorf Dagashland erstreckt. Jenseits eines langen Strandes (100,5 km vom Tunnel entfernt) und der Anhöhe Ras Malaab schlängelt sich die Straße zwischen Küste und Gebirge hindurch, das hier allmählich in das Evaporit- und Kreidegestein übergeht, das typisch für dieses und für das angeschlossene Gebiet um Wadi Gharandal ist. Rechts, 110 km vom Ahmed-Hamdi-Tunnel entfernt, kann man eine kleine Straße sehen, die an den Ort Hammam Faraun Malun,

**27 oben**
*Auf dem Bild kann man die berühmten Quellen von Ayun Musa sehen, die „Quellen des Moses", wo Moses der Sage nach sein Volk auf der Flucht aus Ägypten ruhen ließ und Brackwasser in Trinkwasser verwandelte.*

**27 Mitte**
*Die Reste von Panzern und Panzerwagen, die in großer Anzahl im Gebiet von Ayun Musa anzutreffen sind, zeugen von den harten Kämpfen, die Ägypter und Israelis sich hier lieferten; heute bilden sie eine Art Freilichtmuseum des Krieges.*

**27 unten**
*Die Berge, die die Westküste des Sinai säumen, werden zum großen Teil von Meeresgesteinen wie Kalkstein und Sandstein gebildet.*

den „Bädern des verfluchten Pharao", führt. Der Legende nach handelt es sich hierbei um den Pharao, der die durch das Rote Meer flüchtenden Israeliten mit seinen Karren verfolgt haben soll. Das sich auf wundersame Weise teilende Meer schloß sich wieder und verschlang den Pharao mit seinem gesamten Heer. An dieser landschaftlich bezaubernden Stelle, die von einem hohen, pyramidenförmigen Kalksteinberg überragt wird, quillt schwefelhaltiges, heißes Wasser aus dem Felsen (es handelt sich hier um

eine Form von Kontaktthermalismus), das sofort ins Meer abfließt. (N. B.: Hamman Faraun schließt um 18 Uhr. Um sich an den Strand zu begeben, muß man seine Wagenpapiere bei einem militärischen Wachposten hinterlegen). 7 km nach der kleinen Straße, die nach Hammam Faraun führt, läßt man die Abzweigung zur kleinen Oase Wadi Gharandal links liegen und gelangt in das Gebiet des Wadi Tayiba (134 km vom Ahmed-Hamdi-Tunnel entfernt), das durch eine Palmengruppe und eine Piste gekennzeichnet ist, über die man das Wadi hinauffahren kann. Hier erlebt man eine noch unversehrte Naturlandschaft. Die Kalkmergelgesteine und Mergelgesteine aus dem Miozän, die hier auf eindrucksvolle Weise zutage treten, wurden vom Wasser geformt. Die Oase Tayiba, die bis vor dem II. Weltkrieg ein wichtiger Karawanentreffpunkt und ein bedeutendes Handelszentrum war, befindet sich etwa 4 km entfernt. Die Straße erreicht nun die Tore der Stadt Abu Zenima (145,5 km vom Ahmed-Hamdi-Tunnel entfernt), wo man auch eine Tankstelle, eine Werkstatt und einige bescheidene Läden zum Auffri-

schen des Reiseproviants findet. Abu Zenima war gegen Anfang des Jahrhunderts ein bedeutendes Industriezentrum mit Förderanlagen zur Nutzung der Manganerz-, Kupfererz- und Kreidevorkommen. Bei Abu Zenima, genauer gesagt, 2,5 km nach der Tankstelle in Richtung Süden, beginnt die Piste des Wadi Matalla – der einfachste Weg, um nach Serabit el-Khadem zu gelangen (siehe Rundfahrt).
Knapp 10 km nach Abu Zenima stößt man auf einen militärischen Checkpoint (154,5 km vom Ahmed-Hamdi-Tunnel entfernt); in der Nähe befindet sich eine kleine Oase und der alte Hafen von el-Markha (der Name ist von dem arabischen Wort maghara für Bergwerk, abgeleitet), der zur Zeit der Pharaonen für den Transport von Kupfererz und Türkissteinen eingerichtet worden war, die in den relativ nahe gelegenen Bergwerken der Region von Serabit und Maghara gefördert wurden. Die Straße durchquert nun das Industriezentrum Abu Rudeis (165,5 km vom Ahmed-Hamdi-Tunnel entfernt), wo sich große Erdölraffinerien befinden. Das einzig Interessante sind hier die Versorgungseinrichtungen (Tankstelle, Werkstatt, Post, Telefon, Bank, Geschäfte). Südlich der Stadt, in etwa 2 km Entfernung, beginnt die Piste, die das Wadi Sidri hinauf zu den Türkis-Lagerstätten des Wadi Maghara führt. Man gelangt schließlich zur

**28 rechts**
*Bei Hammam Musa, kurz vor der Stadt el-Tor, quellen warme, schwefelige Thermalwässer, die in einige Becken im Schatten der Palmen geleitet werden.*

**28 links oben**
*Zwei Beduinenfrauen beim Bad im heißen Thermalwasser, das in der Ortschaft Hammam Faraun Malun aus dem Sand entspringt. Der Ortsname bedeutet „Bäder des verfluchten Pharao" und spielt auf den Pharao an, der die Israeliten verfolgte und im Roten Meer der Überlieferung nach vom Zorn Gottes getroffen wurde.*

**28 links Mitte**
*Eine wichtige asphaltierte Straße führt an der westlichen Sinaiküste entlang und verbindet den Ahmed-Hamdi-Tunnel mit der Stadt el-Tor.*

**28 links unten**
*Das Kalkgestein der Berge dieser Region ist durch die Erosion angegriffen.*

großen Kreuzung, an der die Straße zum Katharinenkloster beginnt, die ganz durch das eindrucksvolle Wadi Faran führt (siehe Rundfahrt). An der Kreuzung bei Kilometer 202,5 vom Ahmed-Hamdi-Tunnel aus, befindet sich ein militärischer Checkpoint und ein großes Kaffeehaus. Setzt man den Weg über die Hauptstraße in Richtung Süden fort, so gelangt man nach 56 km an die Abzweigung, die zur Oase Hammam Musa („Bäder Moses") am Fuß des Djebel Hammam Musa und an der Mündung des Wadi el-Tor führt, wo schwefelhaltige Thermalquellen mit einer Temperatur von etwa 27° C aus-

straße fort, dann gelangt man nach etwa 3 km zu el-Tor, heute Verwaltungszentrum des südlichen Sinai. Der Name leitet sich von dem griechischen Wort to oros ab, was „der Berg" bedeutet; so nannten die ersten Mönche diesen Ort, wohl weil die Gebirgsausläufer hier fast bis ans Meer reichen.
Die Altstadt von el-Tor entwickelte sich längs der Bucht, die einen ausgezeichneten natürlichen Hafen bildet, der dank seiner strategischen Lage an der Einfahrt des Golfs von Suez den ganzen Handelsverkehr in Richtung Norden kontrollierte und somit von größter Bedeutung war. Die Schiffe, die bei Gegenwind Schwierigkeiten hat-

*Typische Landschaft an der Westküste des Sinai: Das weiche Kalkgestein des Tertiärs, das die Berge dieser Region bildet, weist die Zeichen der Erosion auf, während dicke Tonschichten das von den Erhebungen herabströmende Wasser sammeln und sich dadurch hier und dort kleine Oasen bilden.*

treten und sich in einigen großen, von herrlichen Palmen überschatteten Becken sammeln. Einige Forscher halten Hammam Musa für den biblischen Ort Elim, der aufgrund der zahlreichen Quellen erwähnt wurde. Die Beduinen kannten die heilenden Eigenschaften dieser Wässer sehr gut, und der Khedive Abbas I. ließ hier einen Palast erbauen, von dem heute jedoch nichts mehr zu sehen ist. Seinem Onkel und Nachfolger verdankt man das große künstliche Becken, in dem sich heute noch das Quellwasser sammelt.
In den 80er Jahren wurde Hammam Musa in ein Kurbad verwandelt und dementsprechend ausgebaut; leider wurden die Instandhaltungsarbeiten nicht regelmäßig durchgeführt, und der trotz allem so bezaubernde Ort wirkt heute etwas verlassen. Setzt man seinen Weg über die Haupt-

ten, bis nach Suez hinaufzusegeln, legten in el-Tor an und löschten ihre Fracht, die dann auf dem Landweg weiter transportiert wurde. El-Tor war auch eine wichtige Etappe längs des Pilgerweges nach Mekka, denn hier wurde ein Lazarett gebaut, wo die Pilger die vorgeschriebene Quarantänezeit verbringen konnten. Das in der Nähe des Hafens errichtete und heute noch aktive Kloster wurde dem heiligen Jakobus gewidmet; es hängt verwaltungsmäßig vom Katharinenkloster ab. Die ersten Mönche ließen sich sehr früh, vermutlich bereits gegen Anfang des 4. Jahrhunderts, im Gebiet des Wadi el-Tor nieder, das einst Reithou genannt wurde. Hier wurde auch bereits im 6. Jahrhundert ein erstes Kloster gebaut, dessen Ruinen vor kurzem erst freigelegt und restauriert wurden. Jenseits der Stadt el-Tor führt die Straße nach Nor-

den hinauf; sie verläuft parallel zur Küste des Golfes von Akaba. 110 km nach el-Tor (460 km vom Ahmed-Hamdi-Tunnel) stößt man rechts auf die Straße, die zum Nationalpark Ras Mohammed führt.
Nach 20 km gelangt man an den Checkpoint des ägyptischen Militärs am Eingang von Sharm el-Sheikh, wo man die Reisepässe vorzeigen muß. Nach der ägyptischen Kontrollstelle, der ein Checkpoint des MFO folgt, an dem allerdings keine Ausweise verlangt werden, führt die Straße zur Bucht von Sharm el-Sheikh hinunter und daran entlang. Hier befindet sich ein Handels- und Militärhafen, an den die Bucht Sharm el-Maiya mit einem Freizeithafen, Hotels und Tauchschulen anschließt, die schließlich in das Städtchen Sharm el-Sheikh übergeht.

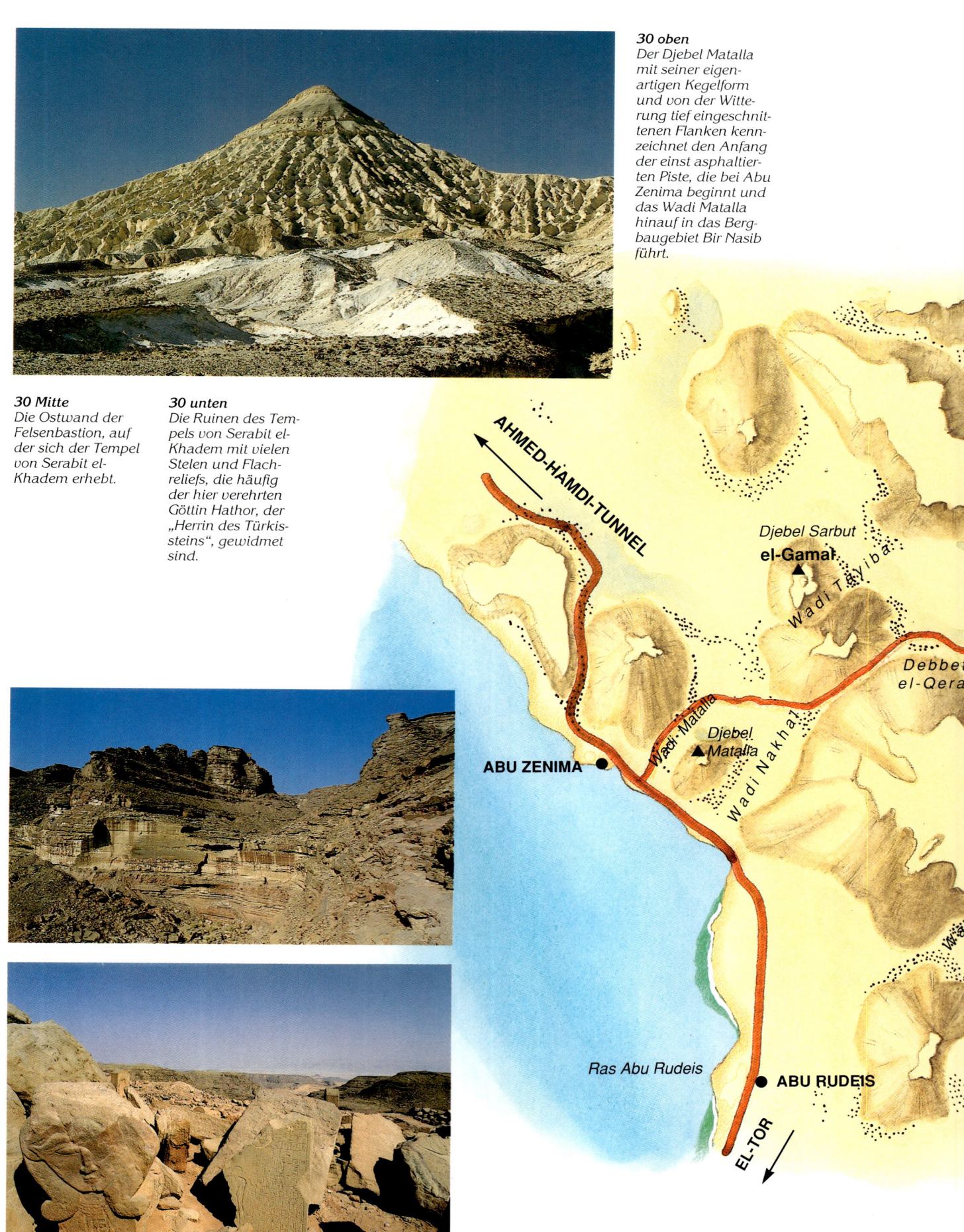

**30 oben**
Der Djebel Matalla
mit seiner eigen-
artigen Kegelform
und von der Witte-
rung tief eingeschnit-
tenen Flanken kenn-
zeichnet den Anfang
der einst asphaltier-
ten Piste, die bei Abu
Zenima beginnt und
das Wadi Matalla
hinauf in das Berg-
baugebiet Bir Nasib
führt.

**30 Mitte**
Die Ostwand der
Felsenbastion, auf
der sich der Tempel
von Serabit el-
Khadem erhebt.

**30 unten**
Die Ruinen des Tem-
pels von Serabit el-
Khadem mit vielen
Stelen und Flach-
reliefs, die häufig
der hier verehrten
Göttin Hathor, der
„Herrin des Türkis-
steins", gewidmet
sind.

AHMED-HAMDI-TUNNEL

Djebel Sarbut
**el-Gamal**

Wadi Tayiba

Debbet
el-Qera

Wadi Matalla

Djebel
▲ Matalla

Wadi Nakhat

**ABU ZENIMA**

Ras Abu Rudeis

● **ABU RUDEIS**

EL-TOR

Djebel Umm Rinna ▲

Grab des Scheichs Habus

Wadi el-Gerf

EL-TÎH HOCHEBENE

Barakat-Lager

Tempel von Serabit el-Khadem

Bir Nasib ●

Umm Bugma ●

Baba

Djebel Umm Releigh ▲

Djebel Ghorabi ▲

Djebel Serabit el-Khadem

Wadi Khamila

Wadi Seih

## DER TEMPEL VON SERABIT EL-KHADEM UND DIE TÜRKIS-VORKOMMEN

2 km nach der Tankstelle von Abu Zenima kann man links eine kleine Straße sehen, die im ersten Abschnitt asphaltiert ist und in östlicher Richtung durch das Wadi Matalla verläuft, bis zum Tempel Serabit el-Khadem. Dies ist gewiß die einfachste Zufahrtsstraße, um Serabit zu erreichen, das zusammen mit den Ruinen der Stadt Pelusium das wichtigste archäologische Ausgrabungsfeld des gesamten Sinai bildet. Über diese Straße, die im letzten Abschnitt in eine Piste und hier und dort in Sand übergeht, kann der Ort auch ohne Geländewagen erreicht werden. Jenseits des Djebel Matalla, dessen weicher Kalksteinmergel aus dem Tertiär interessante Erosionsformen aufweist, führt die Straße ohne weitere Abzweigungen weiter bis zu einem kleinen Paß; dort biegt sie abrupt in südlicher Richtung ab und führt in das Wadi Nasib hinein. Hier beginnt der schwierigste Teil der Rundfahrt, denn die Route verläuft über Steine und Sand. Man muß sich links halten und die Straße einige Kilometer weit verfolgen, bis man ein kleines, weißes, islamisches Gebäude auf einem Hügel sieht. Jenseits dieses sheikh trifft man auf die Häuser der Beduinen, der Barakat, die hier vorwiegend vom Tourismus leben und sich gerne als Führer verdingen. Von der Beduinenniederlassung kann man den Tempel von Serabit el-Kadem zu Fuß in etwa drei Stunden über zwei verschiedene Wege erreichen, vom Osten und vom Westen aus. Man entscheidet sich am besten für eine Rundwanderung, wenn man vorhat, den ganzen Tag an diesem Ort zu verbringen. Man kann so am frühen Morgen von der Ostseite her aufsteigen und am Nachmittag längs des Westhangs der Hochebene wieder absteigen. Das bietet den Vorteil immer günstiger Lichtbedingungen – was sehr wichtig ist, um die zahlreichen, interessanten Flachreliefs, denen man vorwiegend an der Westseite begegnet, gut sehen zu können.

31

Der Tempel Serabit el-Khadem befindet sich in 850 m Höhe auf einer Hochebene. Diese läuft in einen mächtigen Felsenwall aus, der im Norden vom Wadi Sawik, im Westen vom Wadi Bata, im Osten vom Wadi Sarbout, im Südosten vom Djebel Ghorabi (993 m) – der von einer großen Basaltkalotte bedeckt ist – und schließlich im Süden vom Djebel Serabit el-Khadem (1096 m) begrenzt wird. Auf dieser Anhöhe, die stark von der Witterung zerfressen ist und von Sandstein aus dem Devon und der oberen Kreide gebildet wird, treten die oberen Schieferschichten, die reich an Türkis sind, fast an die Oberfläche. Die Türkis-Bergwerke befinden sich in einem nahezu kreisförmigen Gebiet mit einem Durchmesser von etwa 1,2 km südwestlich des Tempels. Man kann einige Stollen, Gräben und Tunnel mit Inschriften sehen, die zum großen Teil aus dem Mittleren Reich stammen, obwohl die Fördertätigkeit auch später fort-

gesetzt wurde. Die meisten Inschriften gehen auf die Zeit von Amenemhat II. (17. und 24. Jahr des Reiches), Amenemhat III. und Thutmosis IV. zurück. Eine weitere, sehr bedeutende Gruppe großer Bergwerke, die man der 12. Dynastie zuschreibt, befindet sich nordwestlich des Tempels, in der Nähe des Wadi Dhaba, an seiner linken Seite. Am Westhang der Hochebene, fast auf gleicher Höhe mit dem Tempel, aber am gegenüberliegenden Hang der Hochebene über dem Wadi Bata, steht außerdem eine kleine, in den Felsen gehauene Kapelle aus der Zeit des Neuen Reiches. Der an der nordöstlichen Seite der Hochebene liegende Tempel hat eine Länge von etwa 200 m. Er wurde von semitischen Arbeitern (vermutlich halbnomadische ortsansässige Männer zusammen mit Angehörigen des arabischen Aamustamms oder des syrischen Retennustamms) zur Zeit der Pharaonen der 12. Dynastie als Kultstätte gebaut, wo vermutlich

**32**
*Blick über den Tempel von Serabit el-Khadem. Er liegt auf einer Hochebene in 850 m Höhe.*

**33**
*Hier ein Stück Roh-türkis aus dem Gebiet von Serabit.*

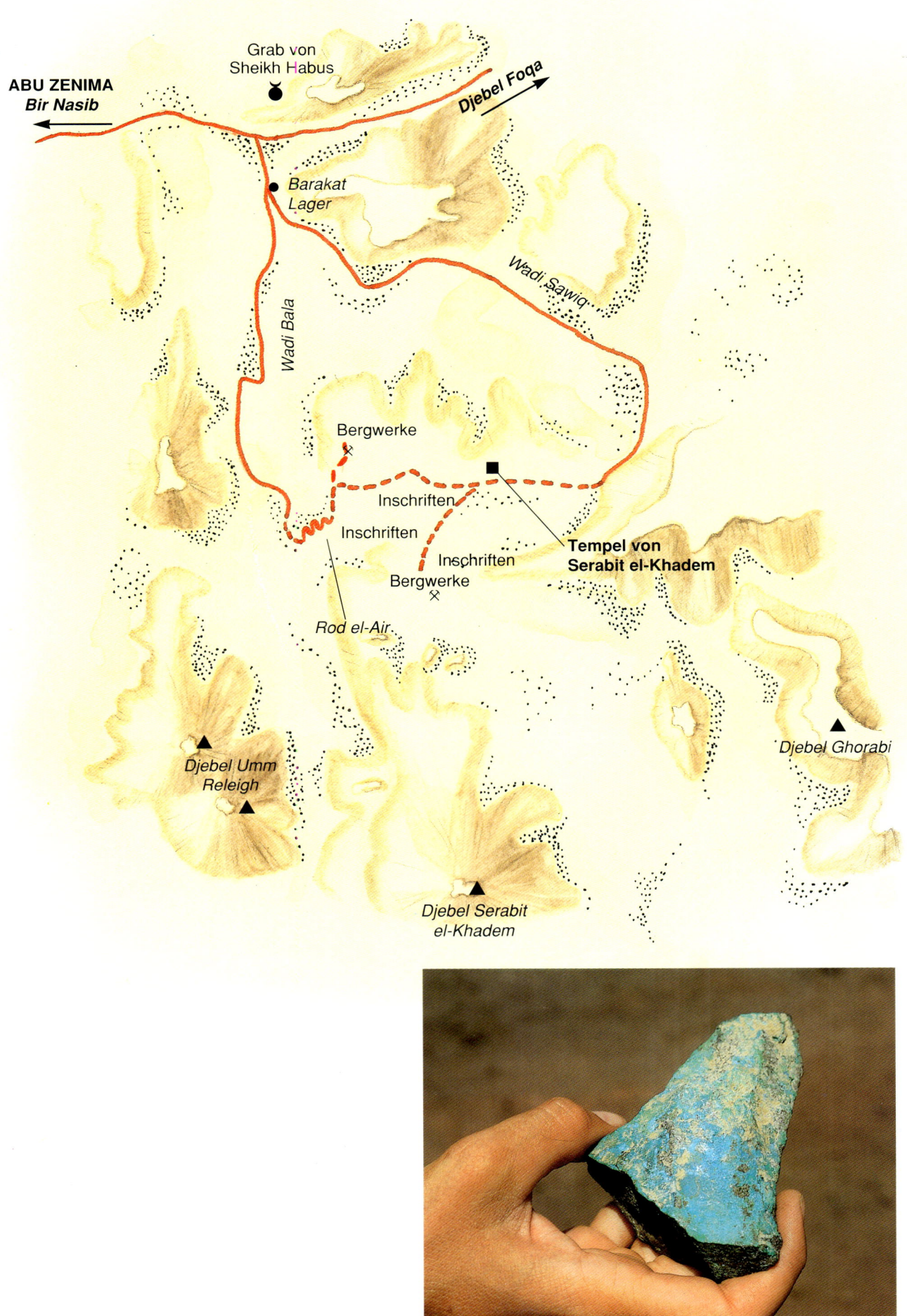

ABU ZENIMA
*Bir Nasib*

Grab von
Sheikh Habus

*Djebel Foqa*

*Barakat
Lager*

*Wadi Sawiq*

*Wadi Bala*

Bergwerke

Inschriften

Inschriften

Inschriften

Bergwerke

**Tempel von
Serabit el-Khadem**

*Rod el-Air*

*Djebel Umm
Releigh*

*Djebel Serabit
el-Khadem*

▲ *Djebel Ghorabi*

eine örtliche Gottheit, der „Herr der östlichen Wüste" und „Herr der fremden Länder", verehrt wurde. Zu Anfang, zur Zeit der 12. Dynastie, wurde der Tempel von einer Felsenkapelle gebildet, die der Göttin Hathor geweiht war und zu der weitere, Sopdu geweihte Räumlichkeiten hinzugefügt wurden.

Neue, großangelegte Erweiterungsarbeiten wurden später in der Zeit der 18. Dynastie unternommen, als die lange Reihe der aufeinanderfolgenden Säle angelegt wurde, die dem Tempel sein heutiges Aussehen verleiht. Die beiden letzten Räume (die westlichsten) wurden unter Ramses hinzugefügt. Ramses VI. ist der letzte hier namentlich nachgewiesene Pharao. Im Tempel auf den höchsten Stellen der angrenzenden Hochebene und in einem Umkreis von 400 m befinden sich zahlreiche Stelen (einige davon über 2 m hoch) mit Inschriften auf allen Seiten.

Sie tragen vorwiegend religiöse, beschwörende Sprüche sowie Erzählungen über Bergwerksexpeditionen. Unter den größten Stelen sticht eine aus der Zeit von Sethi I. hervor. Der Ort Serabit el-Khadem (der seinen Höhepunkt in der 12. Dynastie hatte, als neben Türkis auch Kupfererz gefördert und im nahen Wadi Nasib geschmolzen wurde) wurde gegen Anfang dieses Jahrhunderts vom englischen Archäologen W. F. Petrie ausgegraben. Petrie, dem man auch die Veröffentlichung eines großen Teils der Inschriften des Ortes verdankt (vgl. F. Petrie, Researches in Sinai, 1906), wies auf der Grundlage der Fundstücke nach, daß im Tempel von Serabit el-Khadem Ägypter und Semiten zusammen denselben Kult pflegten und daß somit die Förderarbeit nicht von Sklaven oder Gefangenen ausgeführt wurde, sondern von örtlichen Arbeitskräften oder von freien semitischen Arbeitern, deren Oberhaupt „Bruder des Fürsten von Retennu" genannt wurde.

## GRUNDRISS DES TEMPELS VON SERABIT EL-KHADEM
## (NACH F. PETRIE)

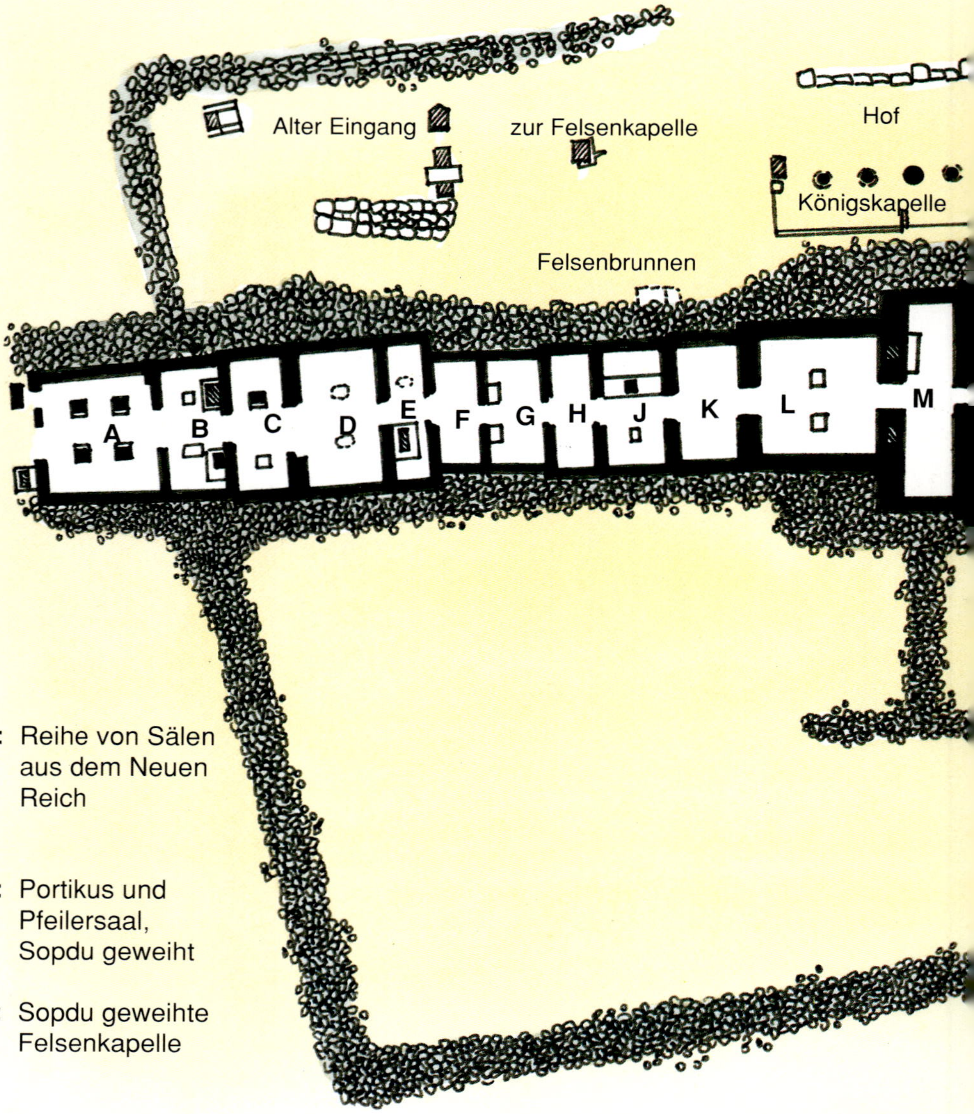

Alter Eingang    zur Felsenkapelle    Hof

Königskapelle

Felsenbrunnen

A  B  C  D  E  F  G  H  J  K  L  M

**A-O:** Reihe von Sälen aus dem Neuen Reich

**1-2:** Portikus und Pfeilersaal, Sopdu geweiht

**3:** Sopdu geweihte Felsenkapelle

34

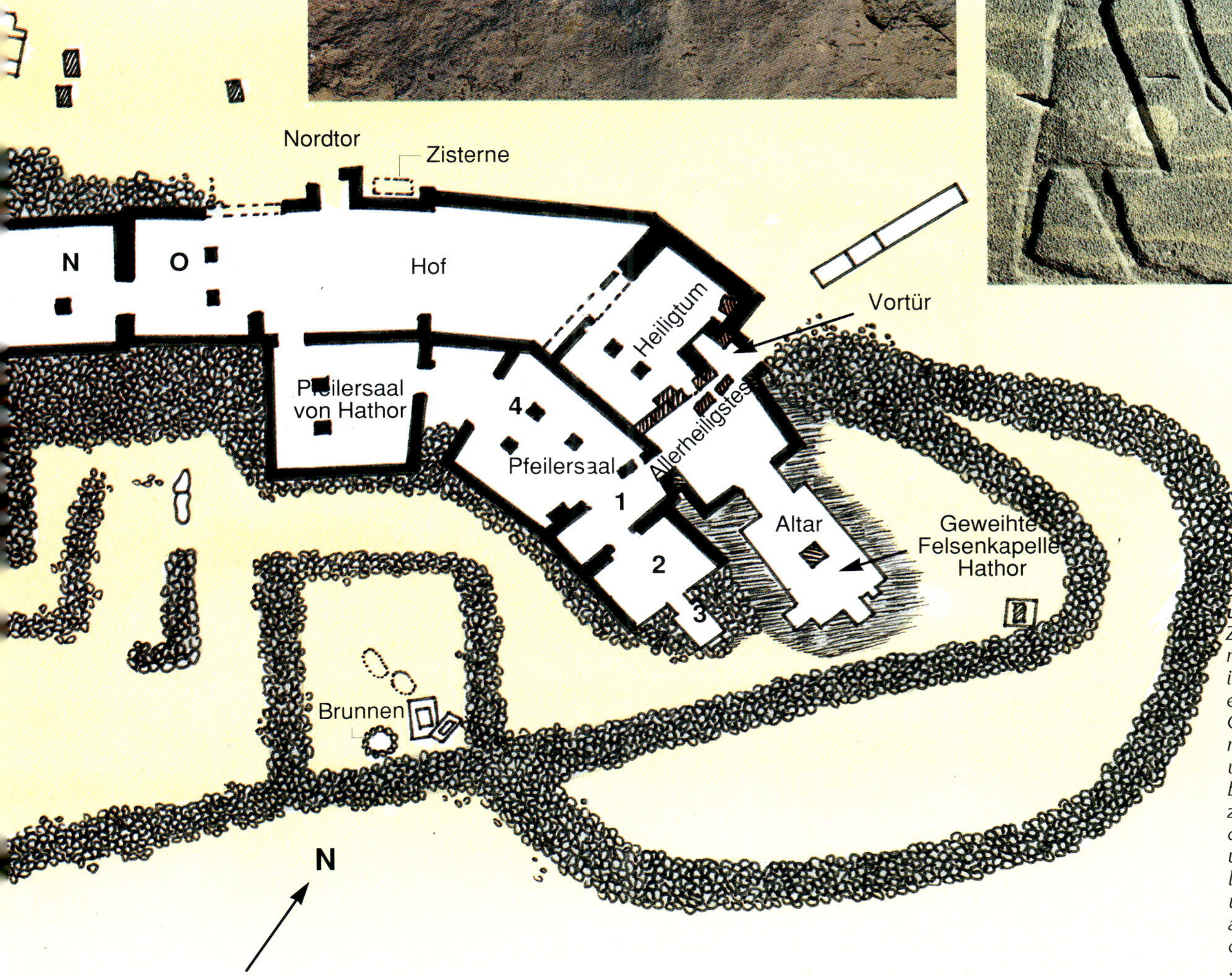

## Plan / Karte labels

Nordtor

Zisterne

N

O

Hof

Pfeilersaal
von Hathor

Heiligtum

Vortür

4

Pfeilersaal

Allerheiligstes

1

2

Altar

Geweihte
Felsenkapelle
Hathor

3

Brunnen

N

**34**
Eine der zahlreichen Felsenzeichnungen, die man beim Aufstieg zum Tempel von Serabit am Westhang des Berges bei der von den Beduinen Rod el-Air genannten Ortschaft sehen kann. Hier handelt es sich um ein ägyptisches Schiff mit typischen Elementen des Neuen Reiches.

**35 oben links**
An den Wänden der Minen am Tempel von Serabit el-Khadem fand Petrie 1906 merkwürdige Ritzzeichnungen, die auf den ersten Blick unentzifferbar erschienen. Aus ihrer Untersuchung ging hervor, daß es sich um eine der ersten semitischen alphabetischen Schriftformen handelt, die heute als „protosinaitisch" bezeichnet wird.

**35 oben rechts und 35 unten**
Zahlreiche Flachreliefs verzieren die in den Felsen gehauene Kapelle, die der Göttin Hathor, „Herrin des Türkis", geweiht war. Daneben befindet sich eine zweite Kapelle, die dem Gott Sopdu, vermutlich einer örtlichen Gottheit, geweiht war, der auch als „Herr der östlichen Wüste" und „Herr der fremden Länder" bezeichnet wurde.

## DAS GEBIET UM SERABIT EL-KHADEM – BIR NASIB

In dem Gebiet, das sich um den Tempel von Serabit el-Khadem ausdehnt, kann man einige interessante Ausflüge machen, die allerdings einen Geländewagen und, vor allem, einen ortskundigen Beduinenführer erfordern. Man verläßt die kleine beduinische Ansiedlung, wo die Familie der Barakat wohnt, und macht sich zu dem wohl interessantesten Ausflug auf: der Besichtigung der alten Minen von Bir Nasib und des Wadi Kharig. Man fährt einige Kilometer auf der Straße zurück, über die man von Abu Zenima nach Serabit gelangt ist. Bei den Resten der alten Asphaltstraße, die für den Transport des Manganerzes gebaut wurde, biegt man links in südöstlicher Richtung ab und fährt über 3,5 km das Wadi Nasib entlang. Über eine recht leicht zu befahrende und gut angezeigte Piste gelangt man zu der kleinen Oase Bir Nasib, wo riesige Mengen schwarzer Schlacken (es wurden etwa 100000 Tonnen geschätzt) von den bedeutenden Fördermengen in der Pharaonenzeit zeugen. Hier befanden sich die Öfen, in denen das in diesem Gebiet und vor allem beim Wadi Kharig bereits im Alten Reich und während des Mittleren und Neuen Reichs (zwischen 2000 und 1300 v. Chr.) geförderte Kupfererz geschmolzen wurde.

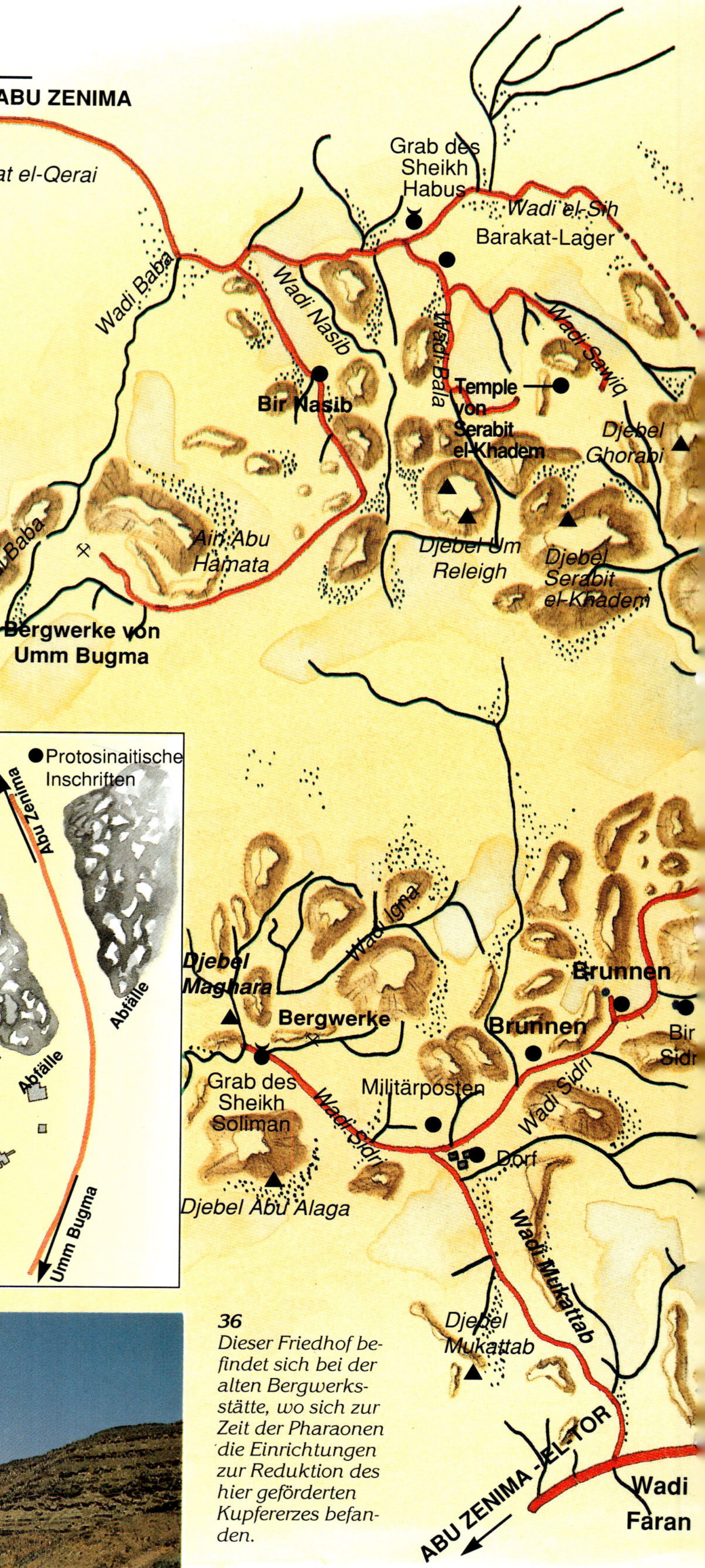

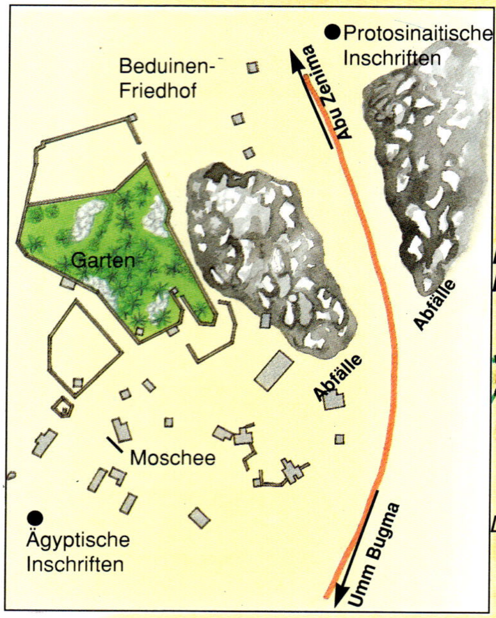

**ABU ZENIMA**

Debbat el-Qerai

Wadi Baba

Wadi Nasib

Grab des Sheikh Habus

Wadi el-Sih
Barakat-Lager

Wadi Bala

Wadi Sawla

**Bir Nasib**

Temple von Serabit el-Khadem

Djebel Ghorabi

Wadi Baba

Ain Abu Hamata

Djebel Um Releigh

Djebel Serabit el-Khadem

**Bergwerke von Umm Bugma**

Beduinen-Friedhof

Protosinaitische Inschriften

Garten

Abu Zenima

Abfälle

Abfälle

Moschee

Umm Bugma

Ägyptische Inschriften

Wadi Igma

**Djebel Maghara**

**Bergwerke**

**Brunnen**

**Brunnen**

Bir Sidri

Grab des Sheikh Soliman

Wadi Sidri

Militärposten

Wadi Sidri

Dorf

Djebel Abu Alaga

Wadi Mukattab

Djebel Mukattab

**36**
*Dieser Friedhof befindet sich bei der alten Bergwerksstätte, wo sich zur Zeit der Pharaonen die Einrichtungen zur Reduktion des hier geförderten Kupfererzes befanden.*

**ABU ZENIMA -EL-TOR**

**Wadi Faran**

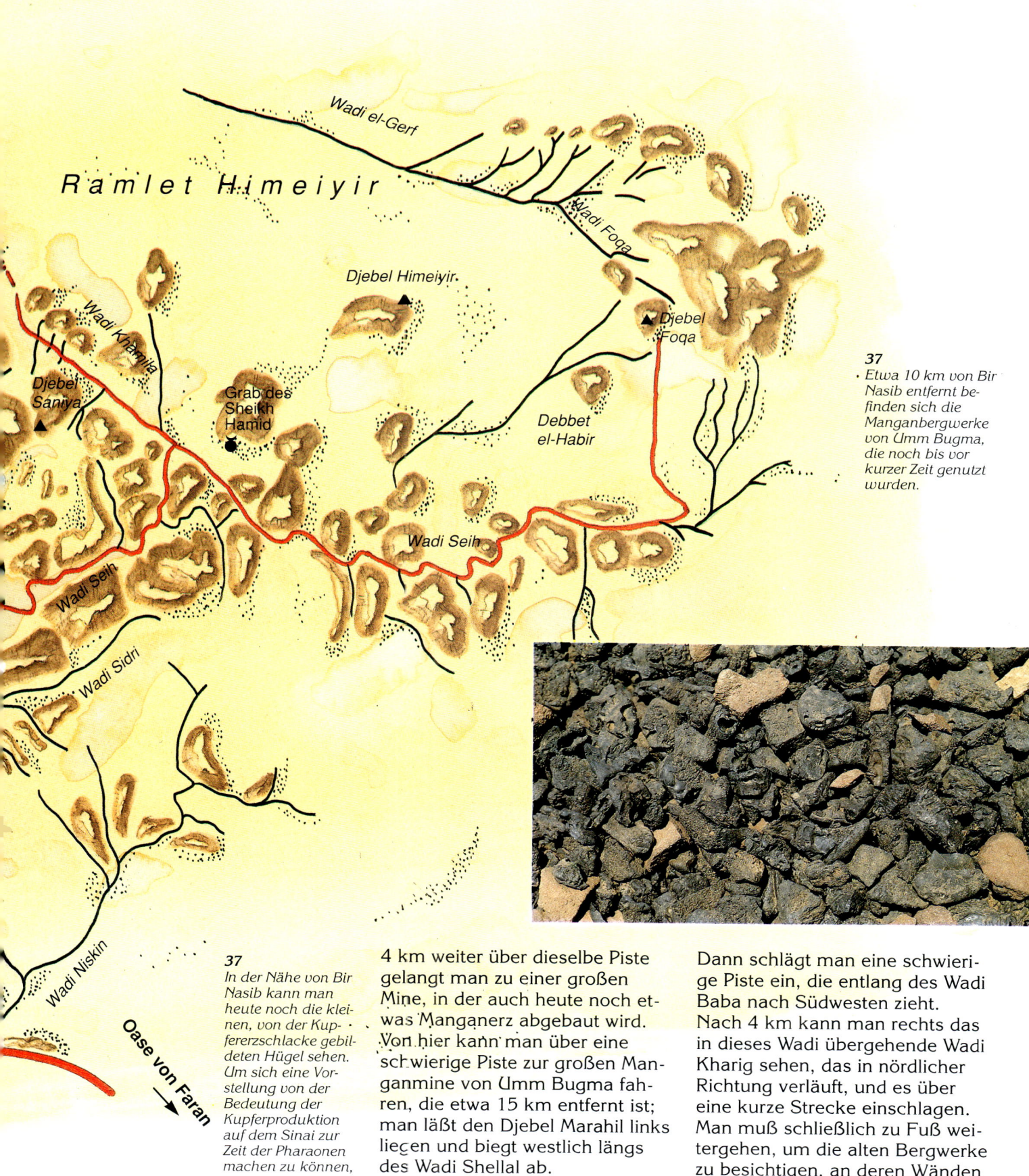

**37**
· Etwa 10 km von Bir Nasib entfernt befinden sich die Manganbergwerke von Umm Bugma, die noch bis vor kurzer Zeit genutzt wurden.

**37**
In der Nähe von Bir Nasib kann man heute noch die kleinen, von der Kupfererzschlacke gebildeten Hügel sehen. Um sich eine Vorstellung von der Bedeutung der Kupferproduktion auf dem Sinai zur Zeit der Pharaonen machen zu können, muß man sich nur vergegenwärtigen, daß die heute noch sichtbare Schlakkenmenge bei Bir Nasib auf 100 000 Tonnen geschätzt wird.

4 km weiter über dieselbe Piste gelangt man zu einer großen Mine, in der auch heute noch etwas Manganerz abgebaut wird. Von hier kann man über eine schwierige Piste zur großen Manganmine von Umm Bugma fahren, die etwa 15 km entfernt ist; man läßt den Djebel Marahil links liegen und biegt westlich längs des Wadi Shellal ab.
Um dagegen die antiken Bergwerke des Wadi Kharig zu besuchen, muß man zu der asphaltierten Straße zurückkehren, die zum Wadi Nasib führt, und 1,5 km darauf zurücklegen.

Dann schlägt man eine schwierige Piste ein, die entlang des Wadi Baba nach Südwesten zieht.
Nach 4 km kann man rechts das in dieses Wadi übergehende Wadi Kharig sehen, das in nördlicher Richtung verläuft, und es über eine kurze Strecke einschlagen. Man muß schließlich zu Fuß weitergehen, um die alten Bergwerke zu besichtigen, an deren Wänden heute noch deutlich die Spuren der Werkzeuge zu sehen sind, die von den Bergarbeitern zur Zeit der Pharaonen verwendet wurden.

# WADI FARAN

Schlägt man die Straße an der großen Kreuzung ein, der ein Schild mit der Beschriftung „St. Katherin" vorausgeht und die 207 km vom Ahmed-Hamdi-Tunnel entfernt ist, befindet man sich auf der nach el-Tor und Sharm el-Sheikh führenden Straße und durchquert das Wadi Faran. Es ist eines der größten und bedeutendsten Wadis des ganzen Sinai und verbindet die Küste des Golfes von Suez direkt mit dem Katharinenkloster. Dieses an biblischen Erinnerungen reiche Wadi ist am Anfang breit und sandig, und die Straße steigt leicht an; die

Landschaft verändert sich allmählich, wird gebirgig und wild. Nach etwa 22,5 km von der Abzweigung beginnt links an der Einfahrt des Wadi Gharuel die Piste (nicht angezeigt), die zum Wadi Maghara, Wadi Mukattab und schließlich nach Serabit el-Khadem führt. Danach läuft die Asphaltstraße an einem großen Felsen vorbei, den die Beduinen Hesi el-Khattatin nennen, was „von den Schriftgelehrten verborgene Quelle" bedeutet.

Der Ursprung dieser merkwürdigen Ortsbezeichnung, die auf Moses und Aaron anspielt, die von den Einheimischen als die Schriftgelehrten schlechthin betrachtet

werden, steht in Zusammenhang mit der örtlichen Beduinentradition: Dieser Felsen soll eben jener Felsen sein, an den Moses mit seinem Stab schlug und auf wundersame Weise reinstes Quellwasser für sein Volk hervorsprudeln ließ (vgl. Ex 17, 1-16).

43 km nach der Abzweigung kann man die ersten Palmen und Tamarisken des Wadi bei der kleinen Oase Khessuah sehen, die im Westen der größeren Oase Faran liegt – eine Pflichtetappe für alle Pilger, die sich zum Katharinenkloster begaben.

Nach wenigen Kilometern werden die Palmen immer dichter und man kann rechts ein kleines Klo-

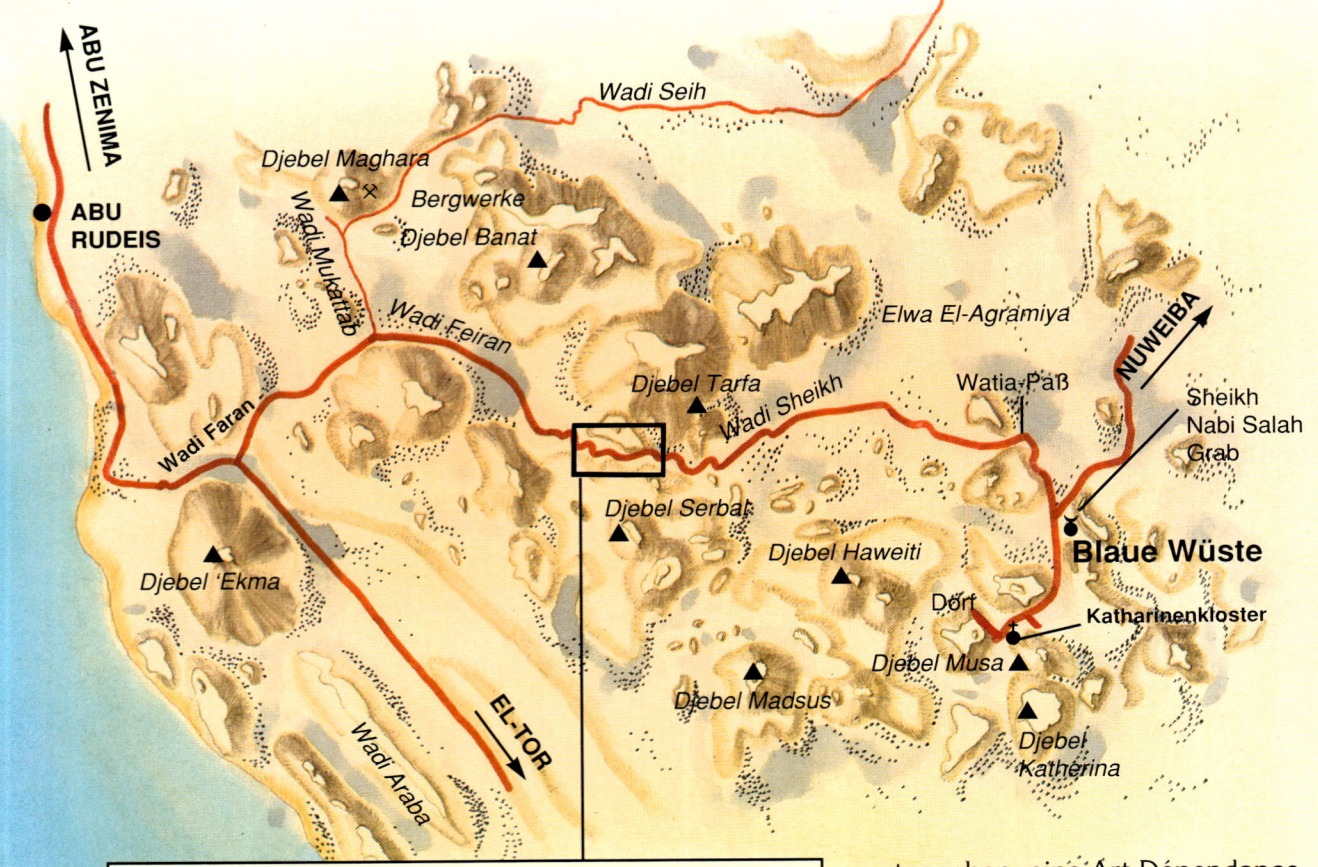

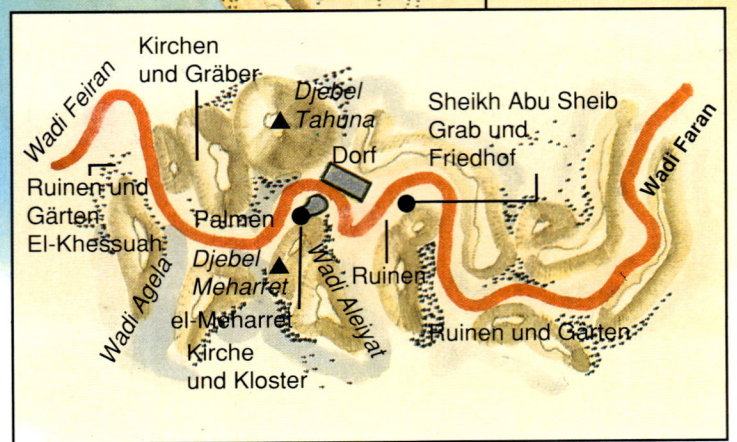

ster sehen, eine Art Dépendance des Katharinenklosters. Hier befinden sich der Djebel Meharret und ein weitläufiges archäologisches Ausgrabungsfeld, auf dem zahlreiche Kirchen gefunden wurden; außerdem das kleine Dorf Faran und, an der anderen Seite des Wadi, der Djebel Tahuna, der die größte Palmenoase des ganzen Sinai überragt und auf dessen Spitze ein Kreuz aufgestellt wurde. Gemäß dem traditionellen Weg des Exodus wäre die

Oase Faran die Stelle, wo die Israeliten sich niedergelassen hatten und die Schlacht gegen die Amalekiter stattfand (Stämme, die vermutlich in dieser Gegend lebten), die die von Josua angeführten Israeliten siegreich beendeten, während Moses auf dem unweit gelegenen Berg für sein Volk betete. Bei dem Berg handelt es sich vermutlich um den Djebel Tahuna, an dessen Hängen man noch die Ruinen einer kleinen Kirche sehen kann, die zum Gedächtnis an dieses Ereignis gebaut worden war. Andere Kirchen sind Hur und Aaron gewidmet. Die erste Kirche wird ebenfalls im Reisebericht der Klosterschwester Atheria erwähnt, die im 4. Jahrhundert eine Pilgerwanderung zum Katharinenkloster unternahm. Zu dieser Zeit war Faran nicht nur eine Stadt von großer Bedeutung, sondern auch ein Bischofssitz, an dem sich viele Mönche und Anachoreten niedergelassen hatten. Die sich am Fuß des Djebel Tahuna ausdehnende Stadt war befestigt, um sich den häufigen Überfällen zu widersetzen; die Kathedrale und die anderen Kirchen befanden sich dagegen in der Nähe des heutigen Klosters an den Hängen des Hügels el-Meharret. Die Ruinen wurden vom Deutschen Archäologischen Institut freigelegt. Der Bischof von Faran war dem Patriarchen von Jerusalem unterstellt, und ursprünglich erstreckte sich seine Autorität auch auf das Katharinenkloster – und zwar bis in die Zeit der Häresie des Nestorius. Der Bischof von Faran, der den Lehren des Nestorius gefolgt war, wurde im 5. Jahrhundert vom Konzil von Ephesus abgesetzt; seine Funktionen und Ämter wurden vom Katharinenkloster übernommen, dessen Mönche den orthodoxen Lehren treu geblieben waren. Nach diesem Ereignis entvölkerte sich Faran nach und nach, und es gelang der Stadt nicht, den allmählichen Verfall zu verhindern. Viele Architekturteile aus ihren großen Kirchen wurden für den Bau des Klosters verwendet, wo sie heute noch sichtbar sind. Nachdem man das im östlichen Teil der Oase liegende Dorf

Faran hinter sich gelassen hat, kann man rechts einen kleinen Friedhof und das Grab des Scheichs Abu Sheib sehen. Zahlreiche Gärten säumen hier die beiden Ufer des Wadi, und die Vegetation umfaßt unzählige Tamarisken. An den Wänden des Wadi kann man die Sedimentrückstände eines kleinen Sees erkennen, denn einst hat sich hier infolge heftiger Regenfälle ein Seebecken gebildet, das talwärts durch einen Erdrutsch gesperrt war; der See erstreckte sich zwischen dem Djebel Meharret und dem Djebel Tahuna. Die Sedimente des Sees weichen dann an der Mündung des Wadi el-Akhdar eindrucksvollen, von Felsit gebildeten Gesteinsgängen, die sich ihren Weg durch helleres Gneißgestein bahnen. Nach der Mündung des Wadi el-Akhdar führt die Straße durch einen etwa 10 m langen

Engpaß, der el-Bueib genannt wird. Er bildet eine Art Tor, jenseits der Stelle an der das Wadi Faran endet und das Wadi el-Sheikh beginnt. Man gelangt so zu der kleinen, grünen Oase Tarfat („Die Tamarisken"), die von Gärten mit Palmen, Akazien, Obstbäumen und Tamarisken geschmückt ist. Jenseits der Oase überquert man den Watla-Paß (85 km von der Abzweigung), eine einige hundert Meter lange Schlucht, die sich zwischen den Granitwänden öffnet, die an der engsten Stelle nur etwa 30 m voneinander entfernt sind. Nachdem man das Gebirgsmassiv Djebel Freiah hinter sich gelassen hat, kommt man an einen militärischen Checkpoint und sodann an die Kreuzung mit der Straße, die Nuweiba mit dem Katharinenkloster verbindet. In der Nähe liegt das Grab des Scheichs Nabi Salah.

*39 oben*
*Archäologische Fundstätten des Djebel Meharret hinter dem heutigen Kloster zeugen von der Bedeutung von Faran vor dem Bau des Katharinenklosters. Die Ausgrabungen haben die Reste zahlreicher Kirchen ans Licht gebracht, die gebaut wurden, als Faran Bischofssitz des Sinai war.*

*39 Mitte*
*Ansicht des Wadi Faran und seines riesigen Palmenhains, des größten des ganzen Sinai. In Faran, das dem biblischen Rafidim entsprechen soll, fand wahrscheinlich die Schlacht zwischen Juden und Amalekitern statt.*

*39 unten*
*Das kleine Schwesternkloster im Wadi Faran ist eng mit dem Katharinenkloster verbunden.*

39

## WADI MUKATTAB –
## WADI MAGHARA –
## DJEBEL FUGA

Man schlägt 22,5 km von der Straße, die den Ahmed-Hamdi-Tunnel mit el-Tor verbindet, die Piste ein, die von der Asphaltstraße des Wadi Faran abzweigt, und fährt das Wadi Mukattab hinauf.

Die Ortsbezeichnung bedeutet „Tal der Inschriften". Nach etwa 6 km kann man an der linken Seite des Wadi die ersten Felseninschriften sehen, die typisch für dieses Wadi sind und sich über etwa 3 km hinziehen. Die Felsbilder stammen zum großen Teil aus nabatäischer Zeit gegen das 2. bis 3. Jahrhundert, aber es gibt auch viele aus römischer und byzantinischer Zeit. Fährt man das Wadi Mukattab nach der Besichtigung dieses Ortes weiter hinauf, dann gelangt man an die Kreuzung mit dem großen Wadi Sidri. Möchte man hier die alten Kallaitminen des Wadi Maghara („Tal der Minen") besichtigen, dann muß man sich auf der linken Piste halten und seinen Weg in nordwestlicher Richtung fortsetzen, bis man an das kleine Grab des Scheichs Soliman gelangt. Hier hält man sich auf der rechten Piste und fährt in das Wadi Maghara hinein; nach etwa 1 km erreicht man den Kopf dieses kleinen Tals, das sich rechts in das Wadi Iqna und links in das Wadi Qenaia verzweigt. In diesem zweiten Wadi befinden sich die Türkisminen. Man muß den Geländewagen hier stehen lassen und einige hundert Meter am Osthang des Djebel Maghara hinaufklettern, der die linke Seite des Wadi bildet, um die in den Berg gehauenen Minen und das berühmte Flachrelief zu besichtigen. Es stammt aus dem Alten Reich und stellt den König Sechemchet dar (3. Dynastie, gegen 2600 v. Chr.); neben ihm ein Würdenträger, der als „Fürst, Kommandeur der Expedition" bezeichnet wird. Das Bildwerk wurde 1868 vom englischen Forscher Palmer entdeckt. Der Ägyptologe Flinders Petrie, der gegen Anfang des Jahrhunderts als erster auf systematische Weise den Sinai archäologisch erforschte, fand ganze zwölf Flachreliefs in diesem Wadi, die zwischen der 1. und der 18. Dynastie ausgeführt und bei den ungeschickten Versuchen der bergwerklichen Nutzung des Gebietes beschädigt oder zerstört worden waren. Ein Teil davon wurde losgetrennt und im Museum von Kairo untergebracht. Die heute noch befahrbare Piste verband einst die Minen von Maghara mit dem Hafen Marka im Golf von Suez (8 km südlich von Abu Zenima), wo die Türkise und das Kupfer aus Maghara, Serabit und aus dem Wadi Kharig auf Schiffe verfrachtet und nach Ägypten

**40 oben**
*In dieser Ansicht erkennt man in der Mitte den Djebel Maghara. An den Hängen dieses Bergs lagen die Türkisminen, die von den Pharaonen seit der 3. Dynastie genutzt wurden.*

**40 Mitte**
*Ein kleiner Felskegel erhebt sich im Gebiet Ramet Himeiyr einsam aus dem Sand. An einer Seite kann man ein merkwürdiges Muster im Fels sehen, der durch Eisenoxyde an einigen Stellen leuchtend rot gefärbt ist.*

**40 unten**
*Die aus dem Sandstein des Djebel Fuga aufsteigenden Lavasäulen; dieser Ort wird auch „Säulenwald" genannt und ist eine der interessantesten geologischen Sehenswürdigkeiten des Sinai.*

transportiert wurden. Diese Piste, die bei Sheikh Soliman beginnt, führt in nordwestlicher Richtung längs des Wadi Budra und mündet dann in das Wadi Baba, das sich zur Küstenebene von el-Markha hin öffnet. Nach der Besichtigung muß man bis zur Kreuzung mit dem Wadi Sidri zurückfahren, das Wadi bis zum Wadi Sheikh und zum Grab des Scheichs Hamid hinauffahren. An dieser Kreuzung kann man entweder nach Südosten durch das Wadi Labwa und das Wadi Akhdar bis zur Asphaltstraße fahren, die von Faran zum Katharinenkloster führt (etwa 40 km); oder man durchquert das Wadi Khamila im Nordwesten und gelangt in das 38 km entfernte Serabit el-Khadem.

Schlägt man dagegen die sich nach Nordosten schlängelnde Piste ein, dann gelangt man auf eine große, sandige Hochebene, die von den Beduinen Ramlet Himelyir genannt wird. Die Felsen werden von rötlichem und teilweise mehrfarbigem Sandstein gebil-

## AUFSTELLUNG DER BASRELIEFS IM WADI MAGHARA

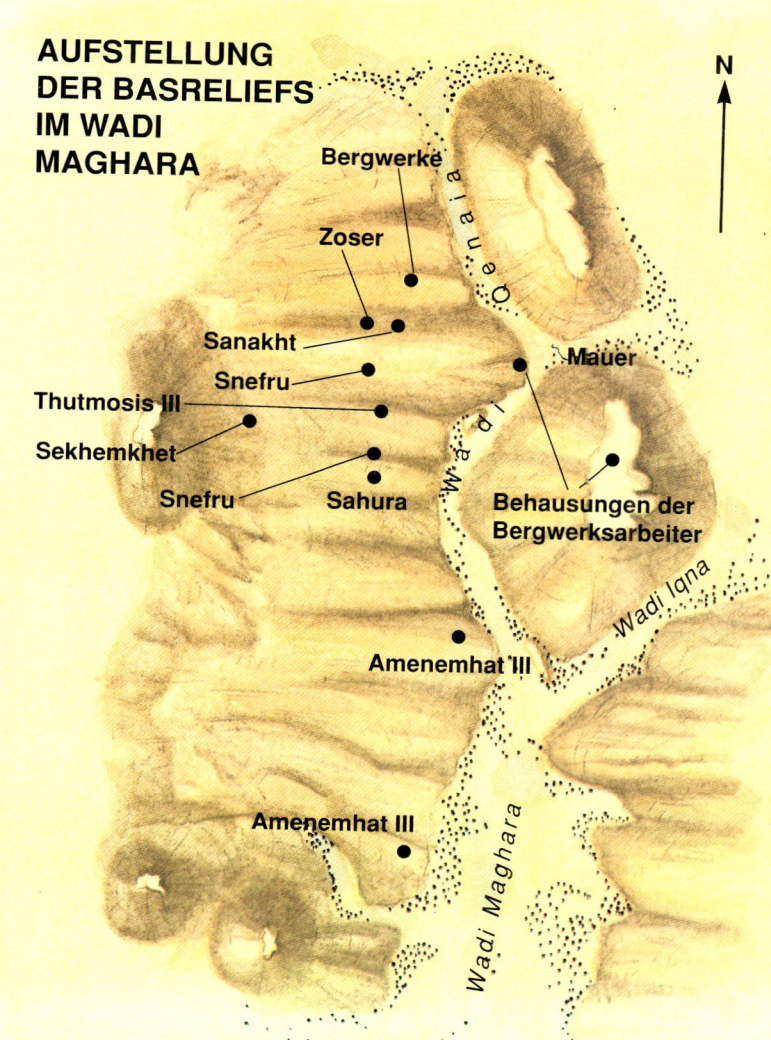

Bergwerke

Zoser

Sanakht

Snefru

Thutmosis III

Sekhemkhet

Snefru

Sahura

Mauer

Behausungen der Bergwerksarbeiter

Amenemhat III

Amenemhat III

Wadi Iqna

Wadi Maghara

N

det. Hier befindet sich eine der außerordentlichsten geologischen Eigenarten des Sinai: der Djebel Fuga, auch „Säulenwald" genannt. Es handelt sich um rohrförmige Säulen aus schwarzer Lava, die wie viele Stalagmiten aus dem gelbrötlichen Sandgestein aufsteigen. Diese Rundfahrt vom Wadi Maghara bis zum Djebel Fuga ist etwa 55 km lang (Dauer ca. 3 Stunden) und unter dem naturkundlichen Gesichtspunkt eine der interessantesten. Leider weist die Piste etliche Schwierigkeiten auf und es gibt keine Wegweiser, die zu dieser Formation führen; auf einen ortskundigen Führer kann man somit nicht verzichten. Vom Djebel Fuga kann man das Gebiet von Serabit el-Khadem über eine Sandpiste erreichen.

41
*Das Wadi Mukattab – der Name bedeutet „Tal der Inschriften". Hier wurden viele Ritzzeichnungen gefunden, die zum großen Teil aus nabatäischer Zeit stammen; darunter waren jedoch auch römische und byzantinische Felsbilder.*

**42 oben**
*In der Mitte dieser Ansicht von Ras Mohammed kann man die tief eingeschnittene Hidden Bay (versteckte Bucht) mit der Mangroveninsel und dem Kanal erkennen.*

**42 Mitte**
*Das riesige Eingangstor aus Beton zum Nationalpark Ras Mohammed ist das Werk eines ägyptischen Künstlers.*

**42 unten**
*Der Eingang zum Nationalpark von Ras Mohammed wird von kleinen Steinkegeln gesäumt.*

EL-TOR

Small Crack

The Mushroom

Beacon Rock
Dunraven

Map labels:

SHARM EL-SHEIKH

Ras Umm Sidd

Kartenverkauf, Eingang

Besucherzentrum und Kaffeehaus

Marsa Ghazlani

**Unterwasser-Lehrpfad**

Ras Ghazlani

**Ras Ghazlani**

**Marsa Bareika**

Marsa Bareika

Ras Atar

**Ras Atar**

*Monumentales Tor*

Ras Mohammed

**The Quay**

**Alternative reef**

Hidden Bay

## RAS MOHAMMED

Die Halbinsel Ras Mohammed liegt an der äußersten südlichen Spitze des Sinai, etwa 20 km auf dem Landweg und 8 Meilen auf dem Seeweg von Sharm el-Sheikh entfernt.

Es handelt sich um eine unversehrte Landschaft von außerordentlicher Schönheit und großem naturkundlichen Wert, die 1983 zum Nationalpark ernannt wurde.

Dieses Reservat, das eine viel größere Fläche als die eigentliche Halbinsel einnimmt, ist ein Naturschutzgebiet, das zahlreichen gesetzlichen Regelungen unterliegt. Einige Rangers, die die Arbeiten des Reservats kaum bewältigen, wachen über das Gebiet im Rahmen von vier grundsätzlichen Richtlinien:

1. Information der Besucher durch Sensibilisierungskampagnen, Seminare und Veröffentlichungen;
2. Bekanntmachung der Zielsetzungen des Parks unter den Beduinen, damit diese an der Verwaltung ihres Landes aktiv teilnehmen können;
3. wissenschaftliche Forschung und Überwachung der Umwelt;
4. Kontrolle der Besucherzahl, damit die Gesetzesvorschriften zur Erhaltung der Naturschätze, gewährt werden. Eine Reihe von gut gekennzeichneten Wegen innerhalb des Parks, die man nicht verlassen darf, bietet dem Besucher die Möglichkeit, die zahlreichen Schönheiten des Reservats auf dem Landweg zu entdecken. Wer dagegen die herrlichen Meeresgründe erforschen will, kann an einigen Stellen tauchen.

Um dieses Gebiet wirklich kennenzulernen, sollte man es sowohl zu Lande als auch zu Wasser besichtigen, denn es besteht eine enge Interaktion zwischen den beiden Ökosystemen. Genau gesagt findet man hier gleich fünf verschiedene Lebensräume: die Wüste, die Lagune, die Küste, das Korallenriff und das Meer.

*43*
*Das moderne Besucherzentrum des Parks beherbergt nicht nur ein Kaffeehaus, sondern auch einen Konferenzsaal und eine Aula, wo die Ranger kurze Einführungen über den Park, untermalt mit Dias und Dokumentarfilmen, abhalten.*

## TOPOGRAPHIE UND GEOLOGIE DES NATURRESERVATS RAS MOHAMMED

In seinem südlichsten Abschnitt wird der Park Ras Mohammed von einer Felsenanhöhe gebildet, die durch eine etwa 3,5 km lange und durchschnittlich 1 km breite Halbinsel mit dem Festland verbunden ist. Sie schiebt sich nach Süden in das Rote Meer zwischen den Golf von Suez, der durchschnittlich nicht tiefer als 100 m ist, und den Golf von Akaba, dessen Tiefe fast 2000 m erreicht. Dieser riesige, morphologische Unterschied ist darauf zurückzuführen, daß der Golf von Akaba den Anfang jener riesigen Spalte in der Erdkruste bildet, die im Tertiär die afrikanische und euroasiatische Kontinentalplatte getrennt hat.

Die Halbinsel Ras Mohammed teilt sich in zwei Felsenzungen, die von einer tief eingeschnittenen, „Hidden Bay" genannten Bucht getrennt werden. Der westliche Teil weist in der Mitte zwei tiefe Spalten auf, die zweifellos auf die Streckung der Felsenschichten zurückzuführen sind. An der südöstlichen Seite liegt eine kleine, niedrige Sandinsel, die Mangroveninsel. Der dazwischen verlaufende Kanal zieht sich von Nordwesten nach Südosten und wird „Mangrovenkanal" genannt.

Der östliche Teil verläuft parallel zum vorher erwähnten und endet in einer kleinen Bucht, der Shark Observatory Bay, deren östliche Spitze das Vorgebirge von Ras Mohammed bildet und sich etwa 60 m über den Meeresspiegel erhebt. Auf der Anhöhe befindet sich die Hai-Warte. Drei ihrer Beobachtungsplattformen liegen direkt über den Wellen des Roten Meers.

Geologisch gesehen ist die Halbinsel Ras Mohammed ein fossiles Korallenriff, das im Lauf des Quartär aufgetaucht ist. Es bildete sich vor etwa 75000 Jahren

*44 oben*
*Der Hügel von Ras Mohammed mit dem Strand ragt ins Meer hinaus. Die etwa 50 m hohe Erhebung wird von* einem fossilen Korallenriff gebildet, auf dessen Spitze sich eine Beobachtungsstation für Haie befindet.

*44 unten*
*Dieser kleine Strand, der sich in der Nähe von Ras Mohammed ausdehnt, wird „Eel Garden" genannt.* In einer Tiefe von 15 m lebt in seinen Gewässern eine Kolonie von Seeaalen (Gorgasia sillneri).

**45 oben und Mitte**
*Diese fossilen Korallen befinden sich im Besucherzentrum von Marsa Ghaslani; sie gehören zu derselben Art Korallen, die die heutigen Korallenriffe bilden.*

aufgrund tiefgreifender Veränderungen der Küstenlinie, die durch starke Schwankungen des Wasserspiegels der Meere und Ozeane der Erde verursacht wurden, die ihrerseits auf die langen Eiszeitperioden zurückgeführt werden können. Der nördlichste Teil des Parks wird von großen Sanddünen gebildet. Es handelt sich um ein Schwemmlandgebiet, das aus groben Konglomeraten besteht, wie man sie auch in den Wadi-Betten des nördlichen Gebirges findet: Kalksteinausstriche aus dem Miozän mit einer vielfältigen Fossilienfauna (u. a. Gastropoden, Lamellibranchiaten, Fragmente von Echinodermen und – selbstverständlich – Korallen). Neben diesem alten Kalkgestein findet man auch Magmagestein aus der Gruppe der Granitgesteine (Granodiorit und Granit). Diese Vielfalt an Gesteinsformationen ist der Grund für den großen Reichtum und die Vielfalt der Ökosysteme, die eines der Merkmale des Naturparks Ras Mohammed sind.

**45 unten links**
*Das Vorgebirge von Ras Mohammed wird von einem fossilen Korallenriff gebildet, das infolge einer Veränderung der Küstenlinie vor etwa 70 000 Jahren entstand. Wenn man die Felswände aufmerksam betrachtet, dann kann man im Gestein zahlreiche Korallenarten erkennen, die heute noch einige Dutzend Meter tiefer leben.*

**45 unten rechts**
*Dieses Korallenriff, das Shark Reef, liegt im Süden des großen Strandes. Es steigt aus einer Tiefe von 25 m bis zur Meeresoberfläche auf.*

## FAUNA UND FLORA

Die Gewässer, die den Naturpark umgeben, sind durch ein eindrucksvolles System von Korallenriffen gekennzeichnet, welche den Kopfteil des Vorgebirges umgeben und sich an seinen Küsten ausdehnen, die ihrerseits bis zu 50 Prozent aus fossilen Korallenformationen gebildet werden. Die Korallenbänke sind in Küstennähe terrassenartig gestaltet und befinden sich in einer durchschnittlichen Tiefe von 12 - 15 m, ziehen sich jedoch steil bis auf 70 - 100 m hinunter. Auf nicht sehr tiefen Gründen findet man in großer Zahl auch kleine und mittelgroße Korallenriffe. Dieser hohen Konzentration an Korallen im Gebiet von Ras Mohammed entspricht eine große Vielfalt von Arten, vor allem Millepora sp. (Millepora dicotoma, auch „Feuerkoralle" genannt), Acropora sp., Favia sp., Favites sp., Porites sp., Fungia sp. und Dendronephtya. Unter den Lamellibranchiaten findet man überwiegend Tridachnien (Tridachnia maxima). Die äußerst vielfältige Fischfauna am Riff und auch im freien Wasser umfaßt über tausend Arten. Viele davon kommen endemisch vor, d. h. sie sind nur im Roten Meer zu finden. Dieser Endemismus steht in Zusammenhang mit der Isolation dieses Meeresbeckens aufgrund tektonischer Ereignisse, die den südlichen Meeresboden vermutlich gegen Anfang des Quartärs angehoben haben. Unter den außergewöhnlichen Fischen fallen diese besonders auf: der Napoleonfisch (Chellinus undulatus), den man normalerweise in der Nähe des Korallenriffs beobachten kann und der sich Tauchern gegenüber äußerst zutraulich verhält; die Schnapper (Lutjanus bohar), eine Art Zahnbrasse, die in großen Schwärmen lebt und wegen ihres Fleisches sehr geschätzt ist; der Truthahnfisch (Pterois volitans), der Korallenbarsch (Cephalopolis miniata) und die Aale (Gorgasia sillneri). Auch einige Haifischarten trifft man in den Gewässern von Ras Mohammed an, darunter Triaenodon obesus, Charcharinus

melanopterus und Charcharinus wheeleri, allesamt nicht sehr groß (nur selten sind sie länger als 1,5 m); im Frühling sieht man jedoch auch die großen Hammerhaie (Sphyraena lewini), die normalerweise in den Ozeangewässern leben.
An den Stränden und längs der Küsten vermehren sich auch verschiedene Meeresschildkrötenarten, darunter die grüne Schildkröte (Chelonia mydas).
Bei der Flora fallen besonders die

zahlreichen Mangroven (Avicenia marina) auf, die eine äußerst wichtige Rolle zur Erhaltung des Ökosystems der Küste spielen und hier sehr gut gedeihen (vgl. Naturpark von Nabq).
Die Landfauna umfaßt eine Vielzahl von Säugetieren, darunter Gazellen, Hyänen, wilde Ziegen (Ibex sp.), Füchse (Vulpes rueppelli und V. zenda) und kleine Nager. Von besonderer Bedeutung ist die Vogelfauna, darunter viele Standvögel und auch gibt es viele

**46 oben**
*Der Himmel über Ras Mohammed mit einem Storchenschwarm.*

**46 Mitte**
*An den Küsten von Ras Mohammed tauchen die Sanddünen hier und dort direkt in das blaue Meer.*

**47**
*Das Gebiet von Ras Mohammed ist eine der wichtigsten Raststätten der Störche.*

**47 oben links**
*Große Gorgonienfächer und einige schön gefärbte Weichkorallen heben sich gegen die Meeresoberfläche ab.*

**47 oben rechts**
*Ein kleiner Anemonenfisch (Amphiprion bicinctus) entfernt sich von der Seeanemone, zwischen deren Armen er lebt, um den Fotografen neugierig zu betrachten.*

Wandervögel. Ras Mohammed ist eine sehr wichtige Raststätte auf dem Wanderweg der Störche (Ciconia ciconia), die auf ihrer Reise von Nordeuropa nach Afrika über die Meerenge von Gibraltar oder über die Türkei und den Sinai ziehen. Zwischen April und Mai sowie zwischen September und Oktober ziehen jedes Jahr etwa 20000 Störche über den Sinai. Der Naturpark Ras Mohammed ist zusammen mit dem Schutzgebiet von Nabq eine der bevorzugten Raststätten. Als weitere Vogelarten wollen wir den Fischadler (Pandion heliaetus) und die Graumöwe (Larus hemprichii) erwähnen.

**47 Mitte**
*Der Meeresgrund bei Ras Mohammed gehört zu den spektakulärsten und reichhaltigsten des Roten Meers. Rechts im Bild kann man das Shark Observatory sehen, das sich 55 m über den Meeresspiegel erhebt.*

**47 unten**
*Bei einem Tauchgang bei Ras Mohammed trifft man häufig auf Napoleonfische (Cheilinus undulatus), die, keinesfalls eingeschüchtert, fast handzahm sind.*

## Rundfahrten zu Lande

Jenseits des von zwei kleinen Pyramiden gebildeten Eingangstors, wo sich der Eintrittskartenschalter befindet, zieht sich die Asphaltstraße in südöstlicher Richtung auf die Bucht von Marsa Ghazlani hin. Die Piste, die 2,8 km nach dem Eingangstor links von der Straße abzweigt, führt zum Besucherzentrum, das etwa 1,5 km entfernt ist. Noch am Anfang der Piste befindet sich rechts ein weiterer Weg, der direkt zum Strand Marsa Ghazlani führt, wo der Unterwasser-Forschungsweg auf einem Schild angezeigt ist. Dieser zieht sich am Südteil der Bucht am Korallenriff entlang. Auf Tafeln sind die wichtigsten Korallenformationen angegeben. Maske und Schnorchel genügen, um diesen Tauchweg zurückzulegen. Das Besucherzentrum ist mit einem Konferenz- und Vorführungssaal ausgestattet, in denen das Personal des Parks audiovisuelle

Ras Atar
*Ras Atar*

Beobachtungsstelle mit Fernrohr

Abzweigung C

Abzweigung E

Abzweigung A

Abzweigung B

Abzweigung D

*Salzsee*

**Aqaba Beach**

**Eel Garden**

Beobachtungsstellen

*RAS MOHAMMED*

**HAIBEOBACHTUNGSWARTE**

Beobachtungsstelle mit Fernrohr

**The Quay**

**Suez Beach**

Hidden Bay

Spalten

*Shark Observatory Bay*

**Main Beach**

**Yolanda Bay**

**Anemone City**

**Shark reef**

**Yolanda Reef**

*Mangroveninsel*

*Mangrovenkanal*

Leuchtfeuer

**Äußerste Südspitze der Sinai-Halbinsel (27°43'N; 34°15'E)**

**48**
*In der Luftaufnahme kann man das Vorgebirge von Ras Mohammed und den Pfad sehen, der zur Haibeobachtungswarte und zu zwei weiteren Beobachtungsstellen führt. Links erkennt man die Bucht des „Main Beach"(Hauptstadt).*

**49 oben**
*Die Ostküste der Halbinsel Ras Mohammed, von Aqaba Beach aus gesehen, wird vom warmen Wasser des Roten Meeres umspült.*

Vorführungen über die im Schutzgebiet vorhandenen Ökosysteme abhält. Vom Besucherzentrum führt ein kurzer Weg zu einer mit einem Fernrohr ausgestatteten Aussichtsstelle und zu einer Fossilklippe, auf der man die wichtigsten Korallenarten beobachten kann. Setzt man den Weg längs der asphaltierten Straße fort, die eine breite Kurve nach Südwesten macht, und schlägt man dann die südliche Richtung ein, so fährt man links, 8 km nach dem Eintrittsbüro, am Zentrum des in dem Park arbeitenden Personals vorbei. Der Park verfügt über eine Forschungsabteilung, über Labors und technische Dienstleistungsbereiche. Hier, im östlichen Teil der Bucht von Marsa Bareka, beginnt eine Piste, die längs der Küste an einem militärischen Checkpoint vorbei zu einer Reihe kleiner Buchten führt, wo die für den Camping zugelassenen Gebiete angegeben sind (Genehmigung bei der Leitung des Reservats erfragen).

Die Asphaltstraße führt nun an herrlichen Dünen vorbei, die sich im Meer verlieren und deren Sand zum Teil die Straße verdeckt. Sie erreicht das Gebiet der Halbinsel Ras Mohammed, das zum Golf von Suez geneigt ist. Dann zieht sie an dem Monumentaltor vorbei (12,4 km vom Eingang), das von dem ägyptischen Künstler Ali Azzam entworfen und ganz aus Stahlbeton gebaut wurde.

Die Straße verläuft parallel zur Küste auf sandigem Untergrund, und bei einer nach Westen abbiegenden Kurve geht sie in eine Piste über (15,8 km vom Eingang). Nach etwa 300 m erreicht man die erste Abzweigung (Abzweigung A), über die man zwei verschiedene Wege einschlagen kann, die in den Westen bzw. Osten der tiefen Bucht – „Hidden Bay" – führen, deren tiefblaue Gewässer einen reizvollen Kontrast zum goldenen Sand bilden. Die den verschiedenen Wegen entsprechenden Pisten sind verschiedenfarbig gekennzeichnet: grün, lila, rot, blau, gelb und schwarz.

**A** *Weg Nr. 1 (grüne Piste)*
Von der Abzweigung A setzt man den Weg in südlicher Richtung über die rechte, grün gekennzeichnete Piste fort und erreicht bald eine zweite Abzweigung (Abzweigung B), wo ein Ringweg beginnt, der um den westlichen Teil von Hidden Bay herumführt. Kurz nach der Abzweigung kennzeichnet eine Steinschüttung die Unterwasserstelle, die „The Quay" genannt wird. Auf der rechten Piste geht man am Suez

Beach vorbei, während man links den nördlichsten Teil von Hidden Bay sehen kann. Etwa 700 m von der Abzweigung B entfernt, geht eine kleine Piste aus, die zu zwei eindrucksvollen Spalten führt, die durch Erdbeben verursacht wurden und durch Steine gekennzeichnet sind.

Sie sind etwa 15 m tief, und auf ihrem Boden ist Meereswasser eingesickert. Außer einer endemischen Krabbenart leben hier keine Tiere.

Verfolgt man nach dieser Besichtigung die grüne Piste in südwestlicher Richtung, dann gelangt man an den Mangrovenkanal, der von Nordwesten nach Südosten verläuft und das Festland von der kleinen Mangroven-

insel trennt, auf der man einen schwarz und weiß bemalten Leuchtturm erkennen kann. An der Spitze der Felsenzunge biegt die Piste entschieden nach Norden ab und kehrt längs der Westküste der Hidden Bay zur Abzweigung B zurück.

Nur wenige Schritte von der Piste entfernt befindet sich an der erwähnten Kurve eine Messingplatte auf einem Zementsockel, die die äußerste Südspitze der Sinai-Halbinsel kennzeichnet (27°43' nördliche Breite und 34°15' östliche Länge).

1 km nach der Abzweigung B befindet man sich wieder an der Abzweigung A, wo der zweite Rundgang mit den Farben lila, rot, blau, gelb und schwarz angegeben ist.

*49 Mitte*
*Die Küste direkt unterhalb der Haibeobachtungswarte weist reichhaltige Korallenformationen auf. Von hier führt ein Fußweg auf die Anhöhe von Ras Mohammed, wo sich die Beobachtungsstelle befindet.*

*49 unten*
*Der „Kanal der Mangroven" ist eine der charakteristischsten Stellen des Parks von Ras Mohammed.*

B *Weg Nr. 2* (lila, rote, blaue, gelbe und schwarze Piste)
Der zweite Weg ist etwas komplexer als der erste und erfordert einen Fußmarsch von einigen Stunden. 200 m von der Abzweigung A entfernt zweigt eine kurze, durch das Symbol eines Fernrohrs gekennzeichnete Piste links von der Hauptpiste ab und führt zu einer überhöhten Aussichtsstelle. Jenseit dieser Piste gelangt man an die Abzweigung C (900 m von der Abzweigung A entfernt). Die rechte Piste ist durch rote und lila Pfeile gekennzeichnet, die linke dagegen durch rote, blaue, gelbe und schwarze.

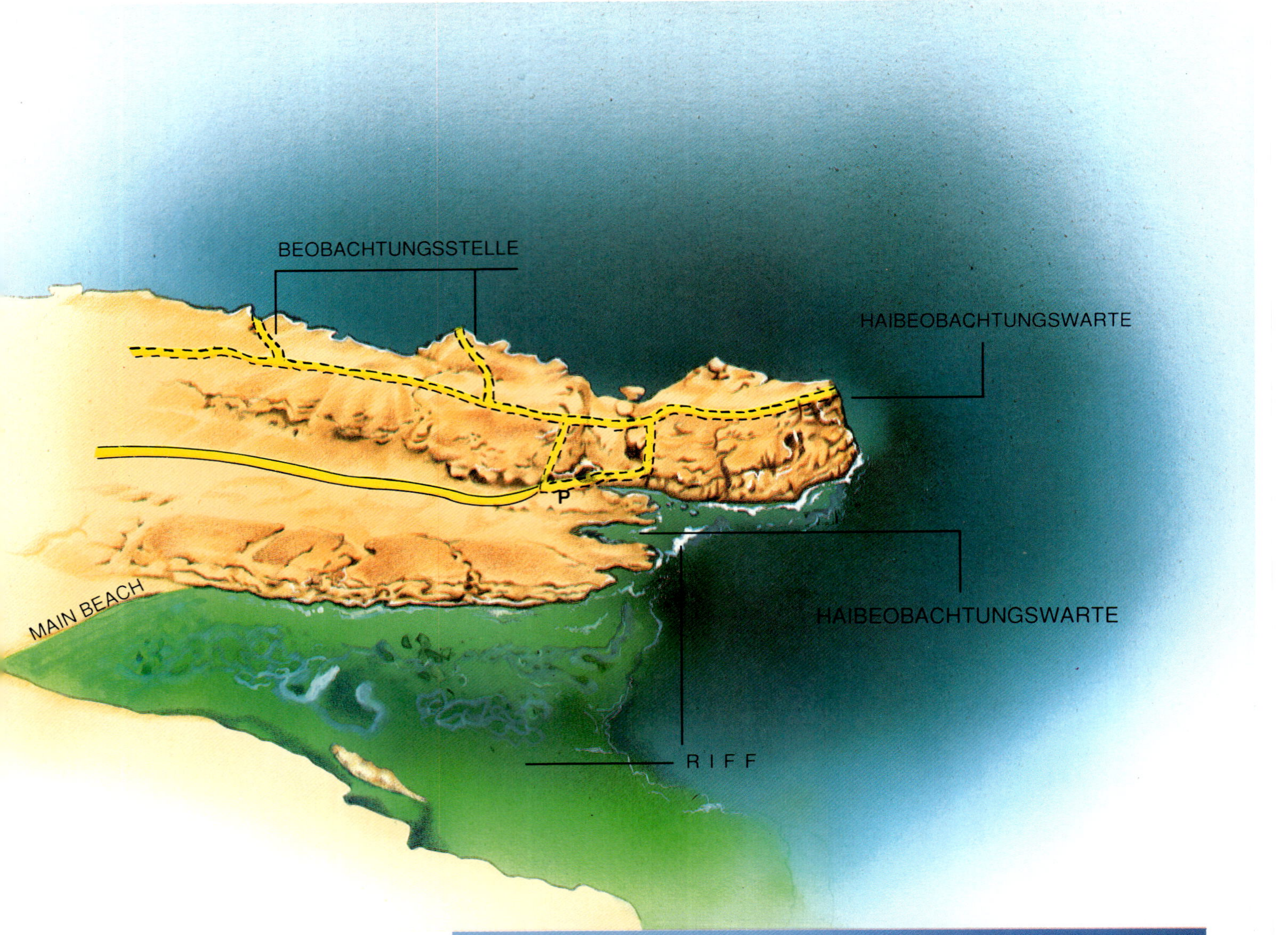
BEOBACHTUNGSSTELLE
HAIBEOBACHTUNGSWARTE
P
MAIN BEACH
HAIBEOBACHTUNGSWARTE
RIFF

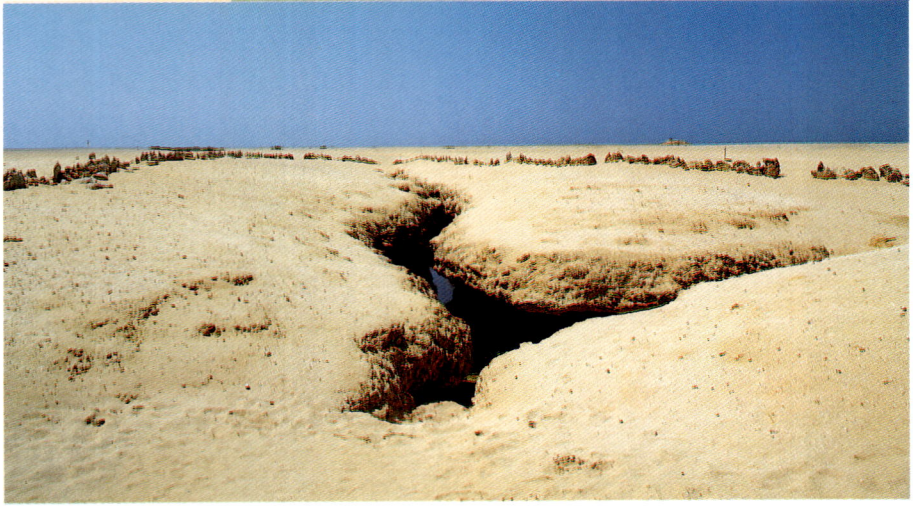

**50**
*Der Felsen der Halbinsel Ras Mohammed ist an vielen Stellen von Spalten eingeschnitten, die vermutlich auf seismische Vorgänge zurückzuführen sind. Der Boden der Spalten ist von Meerwasser bedeckt; die einzige Lebensform ist eine besondere Garnelenart.*

*Weg Nr. 2a* (lila und rote Piste)
Schlägt man die rechte Piste ein, die um einen kleinen stark salzhaltigen See herum führt, dessen einzige Lebensform eine schwärzliche Alge ist, gelangt man nach 1,9 km zu einer Einbuchtung in der Hidden Bay, wo der Wanderweg zur Yolanda Bay beginnt. 700 m von dieser Einbuchtung entfernt gelangt man zu einer weiteren Abzweigung (Abzweigung D): die rechte Piste ist durch einen roten Pfeil gekennzeichnet, die linke durch einen blauen, gelben und schwarzen Pfeil. Die rechte Piste (roter Pfeil) führt nach 3,5 km zur Yolanda Bay.

Diese Bucht wurde so benannt, weil vor ihren Küsten 1986 bei einem Sturm die Yolanda kenterte, ein südafrikanisches Schiff, das Sanitärkeramik geladen hatte. Von Yolanda Bay führt ein Wanderweg zum „Main Beach", dem Hauptstrand.

*Weg Nr. 2b* (rote, blaue, gelbe und schwarze Piste)
An der Abzweigung D schlägt man die linke Piste ein (roter, blauer, gelber und schwarzer Pfeil). Nach 100 m gelangt man zu einer weiteren Abzweigung (Abzweigung E).
Der blaue Pfeil weist auf einen Weg hin, der zum etwa 600 m entfernten Hauptstadt führt, einem herrlichen Sandstrand, wo man baden kann und der Ausgangspunkt für Tauchpartien ist. Die nach links weisenden Pfeile, gelb und schwarz, geben die Wege zur Shark Observatory Bay (der 700 m entfernten Haibeobachtungsstation) und zu den Stränden und Unterwasser-Sehenswürdigkeiten des zum Golf von Akaba gerichteten Gebietes

an. Der gelbe Weg führt zur Shark Observatory Bay; hier beginnt links ein Wanderweg, der auf die Anhöhe hinauf zur Beobachtungsstation führt. Diese liegt auf einer Plattform in 55 m Höhe über den Meeresspiegel. Von hier kann man die Korallenformationen sehen und einen herrlichen Ausblick über den gesamten Naturpark genießen.
An der Abzweigung E kann man rechts abbiegen und dem durch einen schwarzen Pfeil gekennzeichneten Weg folgen, der auch zu dem im Meer gelegenen Eel Garden, dem Aalgarten, führt.

Hier beginnt ein Wanderweg, der zu zwei Beobachtungsstellen führt. Setzt man seinen Weg dagegen längs der blauen Hauptpiste in nördlicher Richtung fort, trifft man rechts auf eine weitere schwarze Piste, die zum 100 m entfernten Aqaba Beach, dem Strand von Akaba, führt. Kehrt man am Exit-Schild wieder auf die blaue Piste zurück, so setzt man den Weg in westlicher Richtung fort und erreicht den Ausgangspunkt dieses Rundganges (Abzweigung C), 1,8 km vom Parkplatz der Kreuzung E entfernt.

**51 oben**
*Der Mangrovenkanal, der die Insel vom Vorgebirge Ras Mohammed trennt, verdankt seinen Namen den zahlreichen Mangroven (Avicenia marina) an seinen Ufern.*

**51 Mitte**
*Das blaue, nicht sehr tiefe Wasser der Hidden Bay, wo viele Wasservögel auf Beutezug gehen.*

**51 unten**
*In der Bucht von Mersa Bareka wird zur Zeit ein wissenschaftliches Zentrum mit Labors und Unterkünften für die Forscher gebaut.*

## Tauchen

Längs der Küsten von Ras Mohammed gibt es viele Stellen, an denen man Tauchpartien unternehmen kann. Sie lassen sich in zwei Gruppen unterteilen, die im Westen bzw. im Osten der Halbinsel liegen:

### A Westen

**1) Wrack der Thistlegorm**
Es handelt sich vermutlich um die schönste Wrack-Tauchstelle des ganzen Roten Meeres. Die Reste des englischen Frachtschiffes Thislegorm, das von der deutschen Luftwaffe 1941 versenkt wurde, liegt in etwa 30 m Tiefe auf einer Sandbank im südlichen Teil des Riffs Shaab Ali im Golf von Suez, genauer gesagt, nordwestlich des sog. Shag Rock. Das Wrack wurde 1956 von Kapitän Cousteau entdeckt.

**2) Beacon Rock – Dunraven**
Diese am weitesten entfernt gelegene Stelle befindet sich an der Grenze des Seegebietes des Parks, 8 Meilen westlich von Ras Mohammed, etwa 5 Meilen vor der Küste. In einer Tiefe zwischen 18 und 28 m liegt in der Nähe eines Korallenriffs das

Wrack der Dunraven, die 1876 während ihrer Fahrt von Bombay nach Newcastle kenterte. Begegnungen mit Haien sind hier nicht ausgeschlossen.

**3) Small Crack**
Ein Kanal durchzieht eine Sandlagune mit zahlreichen Gorgonien.

**4) The Mushroom**
Ein hoher, von Korallen gebildeter Turm steigt vom Meeresboden auf.
In der Nähe befindet sich in etwa 20 m Tiefe ein Schiffswrack.

*52 oben*
*Die „Alternative Reef" genannte Unterwasserstelle an der Westküste der Halbinsel Ras Mohammed ist gekennzeichnet durch ausgedehnte Korallenriffe.*
*Von oben kann man die zarten Farbtönungen sehen, die auf die unterschiedliche Tiefe des Riffs zurückzuführen sind.*

*52 rechts Mitte*
*Ein Schwarm von Glasfischen (Pempheris vanicolensis) flüchtet vor dem Taucher.*

*52 Mitte links*
*Eine kompakte Wand von Carangidae (Caranx sexfasciatus) schimmert silbern im tiefen Blau des Meeres.*

*52 unten links*
*Zartgefärbte Weichkorallen, bunte Schwämme, winzige, sich rastlos bewegende Fische sind häufig wiederkehrende Elemente der Unterwasserwelt des Roten Meeres.*

## 5) Alternative Reef

In diesem ausgedehnten Gebiet mit vielen Korallenbänken, das auch über Land zu erreichen ist, kann man interessante Tauchpartien unternehmen und die vielfältige Fauna des Korallenriffs beobachten.

## 6) The Quay (auch „Socony-Vacuum Quay" genannt)

Wie oben kann man auch hier von der Küste aus tauchen.

**53 rechts oben**
*Die Thistlegorm, ein bewaffnetes englisches Frachtschiff, sank am 6. Oktober 1941 infolge eines deutschen Luftangriffs.
Sie transportierte Kriegsmaterial, zwanzig LKW, Motorräder, zwei Panzer, zwei Lokomotiven und Uniformen. Das Wrack liegt auf 28 m Tiefe.*

**53 links Mitte**
*Die starken Strömungen und das reichlich vorhandene Plankton tragen zur Bildung der riesigen Gorgonienfächer bei, die man in vielen Riffen des Roten Meers antrifft.*

**53 rechts Mitte und unten**
*Große Weichkorallenformationen verleihen dem Korallenriff das Aussehen eines üppig blühenden Gartens.*

**53 links unten**
*Papageifische (Scaridae) sind durch die lebhaften Farben und den typischen Schnabel gekennzeichnet.
Dieser wird von soliden Zahnplatten gebildet, mit denen der Fisch selbst große Korallenäste knacken kann, von denen er sich ernährt.*

*Orte im Osten*

1) Anemone City
Gegenüber vom Shark Reef befindet sich eine interessante Korallenbank, etwa 20 m von der Küste entfernt, die zunächst sanft und dann abrupt mit einer Steilwand abfällt, an der große Korallen der Art Dendronepthya sp. leben. Dieser Ort verdankt seinen Namen der außerordentlichen Verbreitung der Seeanemonen, Radianthus sp., und der Gorgonien. Typische Fische des Korallenriffs sind hier beheimatet.

2) Shark Reef and Yolanda Reef
Zwei Korallenbänke steigen vom sandigen Meeresboden 20 - 30 m hoch bis an die Wasseroberfläche und kennzeichnen dieses Taucherparadies, das nur wenige hundert Meter von der Küste an der Ostspitze der Hidden Bay entfernt liegt. Überdies kann man dort auch viele pelagische Fischarten beobachten. Dieser Ort ist sehr beliebt, aber wegen der starken Strömungen wird unerfahrenen Tauchern davon abgeraten, sich hier ins Wasser zu begeben. Nähere Begegnungen mit Haien sind nicht ausgeschlossen.

3) Shark Observatory
In der Nähe der Haibeobachtungswarte, die man über Land erreichen kann, hat man eine herrliche Aussicht auf das schöne Korallenriff, das mit vielen Fischen pelagischer Art bis in eine Tiefe von etwa 90 m abfällt. Nähere Begegnungen mit Haien sind auch hier möglich.

4) Eel Garden
An dieser Stelle, die man auch über Land erreicht (vgl. Rundgang 2b), kann man auf dem Sandboden in einer Tiefe zwischen 10 - 15 m viele Aale (Gorgasia sillneri) sehen.

5) Ras Atar
Bei Ras Atar, das die tief eingeschnittene Bucht Marsa Bareka begrenzt, fällt ein Korallenriff bis auf etwa 45 m Tiefe ab. Es ist mit einer reichen Pelagialfauna und

**54 oben**
*Eine der berühmtesten Unterwasserstellen von Ras Mohammed ist Shark Reef, das Riff der Haie, das von zwei Korallenriffen gebildet wird, die im südwestlichen Teil der Hidden Bay vom Meeresgrund aufsteigen.*

**54 unten**
*Eine wahre Wand von Fledermausfischen (Platax orbicularis) zieht am Fotografen vorbei.*

**55 links oben**
*Ein herrliches Exem-
plar eines Drachen-
kopfes (Pterois voli-
tans) hat sich auf ei-
nem Gorgonienast
niedergelassen.*

**55 links unten**
*Ein Napoleonfisch
(Cheilinus undula-
tus) erforscht die
von Weichkorallen
überzogenen Wände
des Riffs.*

vielen Gorgonien ausgestattet.

## 6) Marsa Bareka

In dieser großen Bucht mit einem
schönen sandigen Meeresboden
kann man in einer durchschnittlichen Tiefe von 25 m eine große
Grotte besichtigen.
Für diese Tauchpartie ist jedoch
ein Boot erforderlich.

## 7) Ras Ghazlani

Dieser Ort an dem östlichen Kap
der Bucht (gegenüber von Ras
Atar) ist durch eine reiche Pelagialfauna und eine eindrucksvolle
Korallenbank gekennzeichnet.

**55 rechts oben**
*Ein Korallenbarsch
(Cephalopolis mi-
niata) schaut aus
seiner Höhle zwi-
schen Korallen und
Weichkorallen her-
vor.*

**55 Mitte rechts**
*Riesige Gorgonien-
formationen wach-
sen an den Riffwän-
den und schieben
ihre Äste ins offene
Meer vor.*

**55 rechts unten**
*Unverwechselbar
aufgrund der ei-
gentümlichen Form
des Kopfes:
ein Hammerhai
(Sphyrna lewini) im
blauen Wasser des
Roten Meers.*

***PRAKTISCHE INFORMATIONEN:***
Der Park ist vom Sonnenaufgang bis zum Sonnenuntergang geöffnet; die Eintrittskarte kostet $5 pro Person, für Autos bezahlt man eine zusätzliche Gebühr von $5. Am Kartenschalter erhalten die Besucher einen Prospekt über das Naturreservat mit einigen Informationen und den innerhalb des Naturparks zu befolgenden Vorschriften. Campingzelte dürfen nur in den eigens dafür bestimmten Bereichen aufgestellt werden. Bei den Stellplätzen handelt sich um kleine, gut geschützte Buchten in der Nähe der Arbeitszentrale des Parkpersonals; die entsprechende Genehmigung muß zuvor am Kartenschalter oder in den Büros des Parks beantragt werden. Im Besucherzentrum befindet sich ein Kaffeehaus, das von 8 bis 18 Uhr geöffnet ist. Im selben Gebäude ist die Öffnung einiger Souvenirläden, einer Buchhandlung und einer Bibliothek vorgesehen.
Um von Sharm el-Sheikh nach Ras Mohammed zu gelangen, muß man sich mit dem Reisepaß am Checkpoint des ägyptischen Militärs ausweisen.

***56 oben***
*Auf diesen eindrucksvollen Bildern der folgenden Seiten kann man die wilde Schönheit der Sinai-Küsten und die vor Leben wimmelnden Meeresgründe des Roten Meeres wiederfinden.*

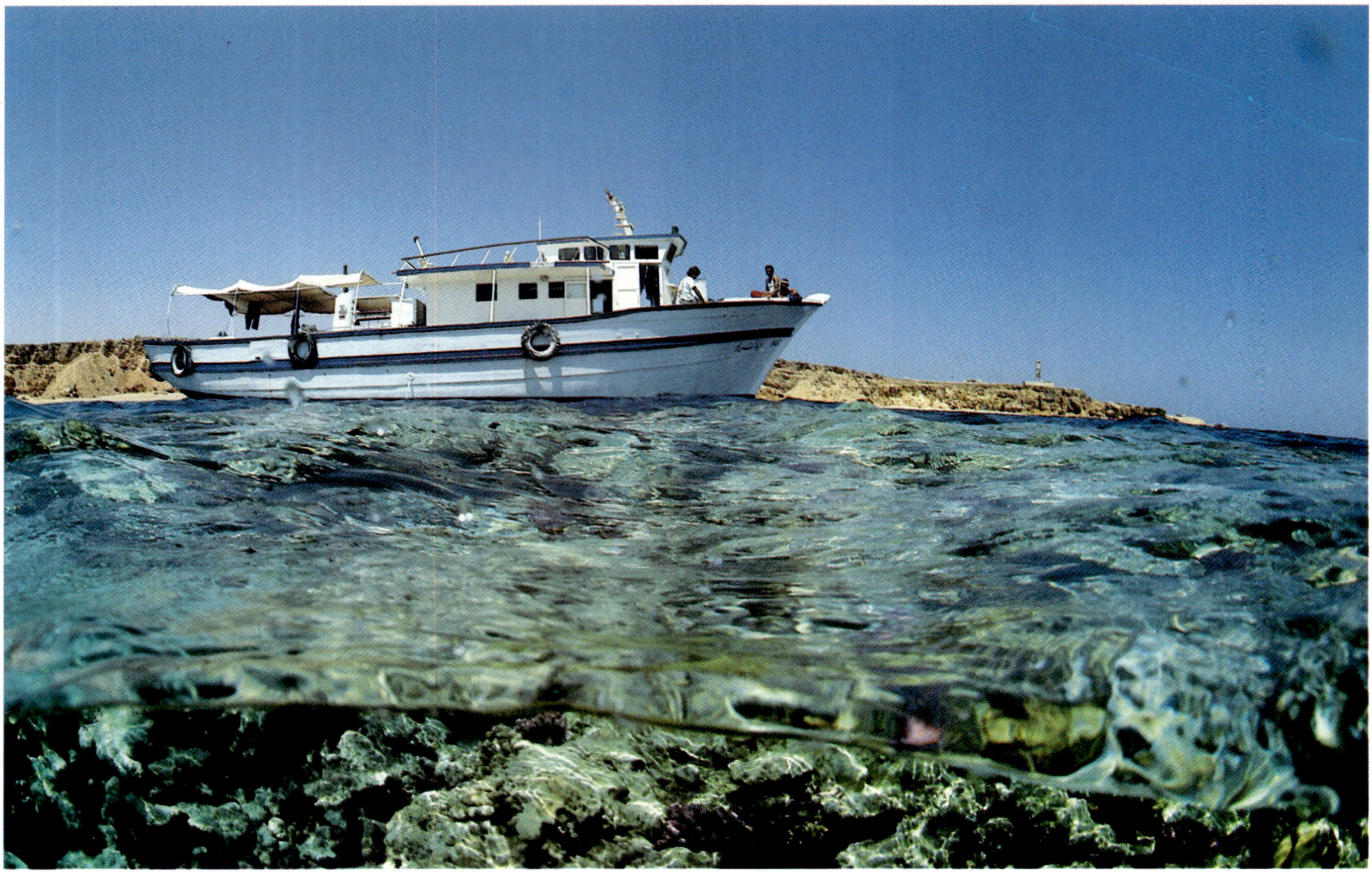

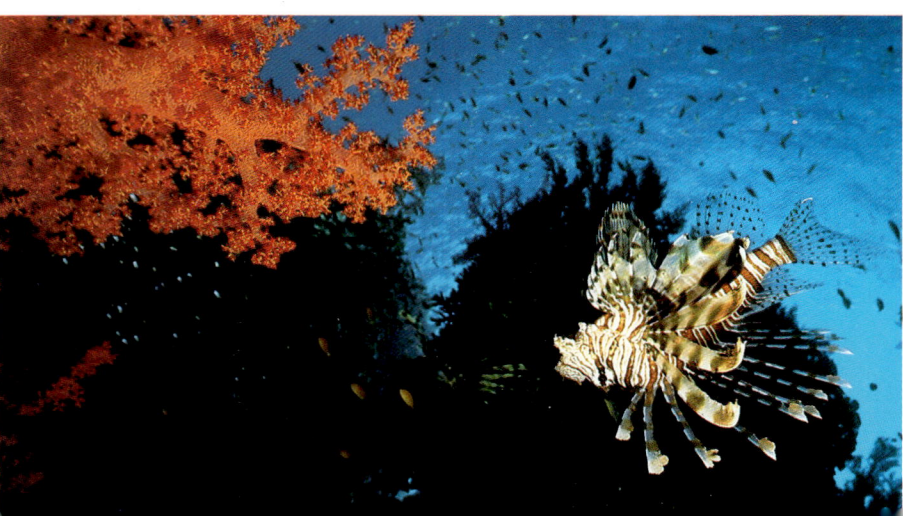

***56 unten***
*Der Drachenkopf (Pterois volitans) hat giftige Stacheln. Die schmerzhaften Stiche können schweres Fieber verursachen.*

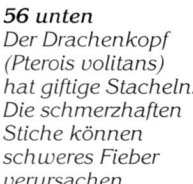

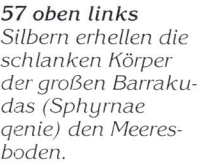

**57 oben links**
*Silbern erhellen die schlanken Körper der großen Barrakudas (Sphyrnae qenie) den Meeresboden.*

**57 oben rechts**
*Zu den schönsten Elementen des Koral.enriffs gehören gewiß die Weichkoral.en.*

**57 unten rechts**
*Ein Schwarm von Masken-Falterfischen (Chaetodon semilarvatus) schwimmt in der Nähe des Riffs.*

**57 unten links**
*Der Korallenbarsch (Cephalopolis miniata), ein gefräßiger Raubfisch, ernährt sich von kleinen Fischen, die an den Wänden des Riffs leben.*

### 58 oben
*Die langen Fang-
arme einer Seeane-
mone bieten einem
Paar Anemonen-
fischen (Amphipri-
on bicinctus)
Schutz.*

### 58 Mitte
*Ein Schule von
Glasfischen (Para-
priacanthus
guentheri) zieht
am Eingang einer
Grotte vorbei.*

### 58 unten
*Die Taucherlampe
läßt die Farben der
Weichkorallen noch
lebhafter erscheinen
und hebt die zarte
Filigranstruktur der
Gorgonienäste her-
vor.*

**59 oben links**
Die Weichkoralle, die
man lange Zeit für
eine Pflanze gehalten
hat, gehört zur Klasse
der Octocorallaria.

**59 oben rechts**
Eine herrliche rosa
Weichkoralle mit
geöffneten Polypen
filtert das von den
Strömungen trans-
portierte Plankton
aus dem Wasser.

**59 Mitte rechts**
Die großen Gorgoni-
enfächer entwickeln
sich immer parallel
zur Flußrichtung der
Strömungen, die klei-
ne Mikroorganismen
mit sich führen, von
denen die Korallenpo-
lypen sich ernähren.

**59 unten**
Die ziemlich scheuen
Zahnbrassen (Lutja-
nus bohar) halten
sich fern von den Rif-
fen auf, die immer
mehr vom zunehmen-
den Unterwasser-
tourismus besucht
werden.

Wadi Kid

El-Gorghana

Naqb

MEERENGE VON TIRAN

Jackson Reef

Woodhouse

DAHAB

Flughafen
Ras Nasrani

Small Lagoon

Thomas Reef

Large Lagoon

Ras Nasrani

Gordon Reef

Check-Point

White Knights

Shark Bay (Marsa es-Sadid)

SHEIKH COAST

Canyon

Hushasha

T I R A N

Tiger Bay

NAAMA BAY

Far Garden

Marsa
el-Aat

Middle Garden

Near Garden

Tower

Abu Tinu

SHARM EL-SHEIKH

Anphoras

Pinkie's Wall

Turtle Bay

Paradise

Ras Umm Sidd

Flasche

RAS MOHAMMED

Sharm el-Maiya-Bucht

Sharm el-Sheikh-Bucht

# SHARM EL-SHEIKH

Sharm el-Sheikh ist ein 1968 gebautes Städtchen an der Ostseite der tiefen Bucht Sharm el-Maiya auf einem Felsensporn, der sich mit dem Vorgebirge Ras Umm Sidd nach Süden wendet. Die Bucht Sharm el-Maiya behütet einen Freizeithafen und ist von Hotels und Geschäften umgeben. Weiter im Westen liegt von Sharm el-Maiya getrennt die Bucht von Sharm el-Sheikh, in deren Militärhafen ständig ägyptische und auch italienische Küstenwachboote der multinationalen Friedenskräfte vor Anker liegen. In dieser zweiten Bucht legt das Boot an, das Sharm el-Sheikh täglich mit Hurgada verbindet. Von Sharm el-Sheikh führt die Straße nach Norden zu der weiten, etwa 7 km entfernten Naama Bay. Nur knapp 2 km außerhalb der Stadt Sharm kann man links einen merkwürdigen Kalksteinfelsen sehen, der von der Witterung modelliert wurde und an das Profil von John Fitzgerald Kennedy erinnert.

Naama Bay ist in wenigen Jahren zum Mittelpunkt des Fremdenverkehrs im südlichen Sinai geworden. Hier konzentriert sich ein Großteil der Hotels und Tauchzentren.

Jenseits von Naama Bay verläuft die Straße parallel zur Küste, die hier drei weitere, etwas kleinere Buchten aufweist. Die zweite davon, die heute Coral Bay genannt wird, ist Standort von Sheikh Coast, dem größten touristischen Wohnkomplex der gesamten Halbinsel Sinai.

Die dritte Bucht dagegen, Shark Bay, nimmt eine Reihe von Bungalows mit einem Restaurant und einem Tauchzentrum auf. Beide können über die von der Hauptstraße abzweigenden Pisten nach 3 bzw. 6 km von Naama erreicht werden.

Die Straße führt weiter in nördlicher Richtung bis nach Ras Nasrani, wo sich der internationale Flughafen befindet. Von hier verläuft sie jenseits des Militär-Checkpoints weiter nach Nordwesten und verbindet Sharm el-Sheikh mit Dahab.

Von Sharm el-Sheikh oder besser von Naama Bay aus kann man eine Reihe von Ausflügen in die Wüste unternehmen oder an der Küstenstrecke zwischen der Bucht Sharm el-Maiya und Ras Nasrani tauchen gehen.

**60**
*Dieser Kalksteinfelsen am Ausgang von Sharm el-Sheikh längs der zur Naama Bay führenden Straße ist eine der größten Sehenswürdigkeiten von Sharm. Das von der Erosion gestaltete Profil des Felsens erinnert an den amerikanischen Präsidenten John F. Kennedy.*

*SANAFIR*

**61 oben**
*Die Insel Tiran schließt zusammen mit der kleinen Insel Sanafir den Golf von Akaba im Süden ab, wo sie die Meerenge von Tiran bilden. Diese Inseln sind saudisches Hoheitsgebiet, das Ägypten überlassen wurde. Sie sind in ein an den Nationalpark Ras Mohammed angeschlossenes Schutzgebiet eingefaßt.*

**61 unten**
*Die Bucht von Sharm el-Maiya ist im Norden vom Vorgebirge von Ras Umm Sidd und im Westen von einer Landzunge eingefaßt, die sie von einer weiteren Bucht mit Namen Sharm el-Sheikh trennt.*

**62 oben**
Das bei Sharm el-Maiya gebaute Dorf Sharm el-Sheikh ist in den letzten zehn Jahren zu einem der beliebtesten Ziele des Unterwasser-Tourismus geworden.

**62 Mitte**
Auf dieser schönen Luftaufnahme kann man den Ostteil der Bucht von Sharm el-Maiya mit dem Strand und dem großen Hotelkomplex der Hilton Residence erkennen.

**62 unten und 63 oben**
Bei Sharm el-Maiya befindet sich der wichtigste Touristenhafen des südlichen Sinai, der perfekt für die immer zahlreicher werden Boote ausgestattet ist, die hier anlegen.

**63 unten**
Die Küste im Westen des Leuchtfeuer von Ras Umm Sidd ist durch ein breites Korallenriff und eine hohe Steilküste gekennzeichnet.

NAAMA BAY

Tankstelle

Nawara Farm
*Künstlich angelegte Oase*

Zahnarzt

Sharm Club

New Beirut
*Ägyptisches Wohnviertel*

Barracuda Hotel

Sandy Hotel

Geschäfte

Ivan of Sinai Hotel

Restaurant

Kennedy-Kopf

Handelszentrum Khan El-Khalil

Geschäfte

Markt

Tankstelle

Geschäfte

South Sinai Travel

Apotheke

Geschäfte

Bank

Bank

Delphin-Hotel

Crocodile Egypt Travel

Post

Cliff Top Hotel

Happy Trip Co.

Autobus

Supermarket

El-Kheima Hotel

Intercontinental Hotel (Im Bau)

Bank

Fety Land camping

Herberge

Diving World Scubatour

Trockenwäscherei Tauchzentrum

Moschee

Nadi el-Riabat

Touristenhafen

Ofen

Telefon/Telegraph

Seti I Hotel

Polizei

Hilton Residence Hotel

Polizei

Im Bau

Discover Scuba Center Hilton Residence

Aufzug Hilton Residence

MFO

**Polizei**

Militärhafen

Strand Hilton Residence

*SHARM EL-SHEIKH BUCHT*

MAIYA EL-BUCHT

Ras Umm Sidd

King Snefru Diving Center

64

*65 links oben*
Die Hafenmole im südlichen Abschnitt von Naama Bay ist Treffpunkt der Taucher, die jeden Morgen zu den verschiedenen Tauchstellen aufbrechen.

*65 links unten*
Der Strand von Naama Bay verfügt über ausgezeichnete Fremdenverkehrsanlagen und ermöglicht jede Art von Wassersport.

*65 rechts*
Naama Bay, das nur wenige Kilometer nördlich von Sharm el-Sheikh liegt, entwickelte sich in wenigen Jahren, dank einer wahren Explosion von Hotelanlagen, zum wichtigsten Fremdenverkehrszentrum des Sinai.

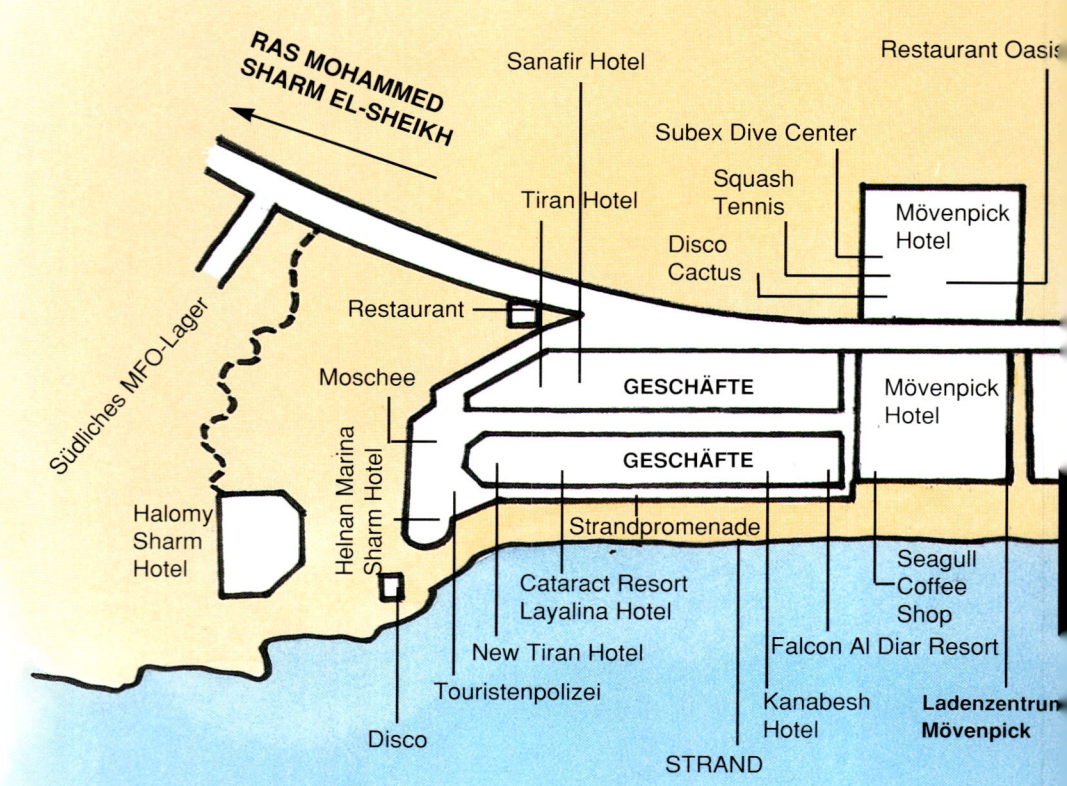

RAS MOHAMMED SHARM EL-SHEIKH

Sanafir Hotel
Restaurant Oasis
Subex Dive Center
Squash Tennis
Mövenpick Hotel
Tiran Hotel
Disco Cactus
Restaurant
Moschee
GESCHÄFTE
Mövenpick Hotel
Südliches MFO-Lager
Helnan Marina Sharm Hotel
GESCHÄFTE
Strandpromenade
Seagull Coffee Shop
Halomy Sharm Hotel
Cataract Resort Layalina Hotel
Falcon Al Diar Resort
New Tiran Hotel
Touristenpolizei
Kanabesh Hotel
Ladenzentrum Mövenpick
Disco
STRAND

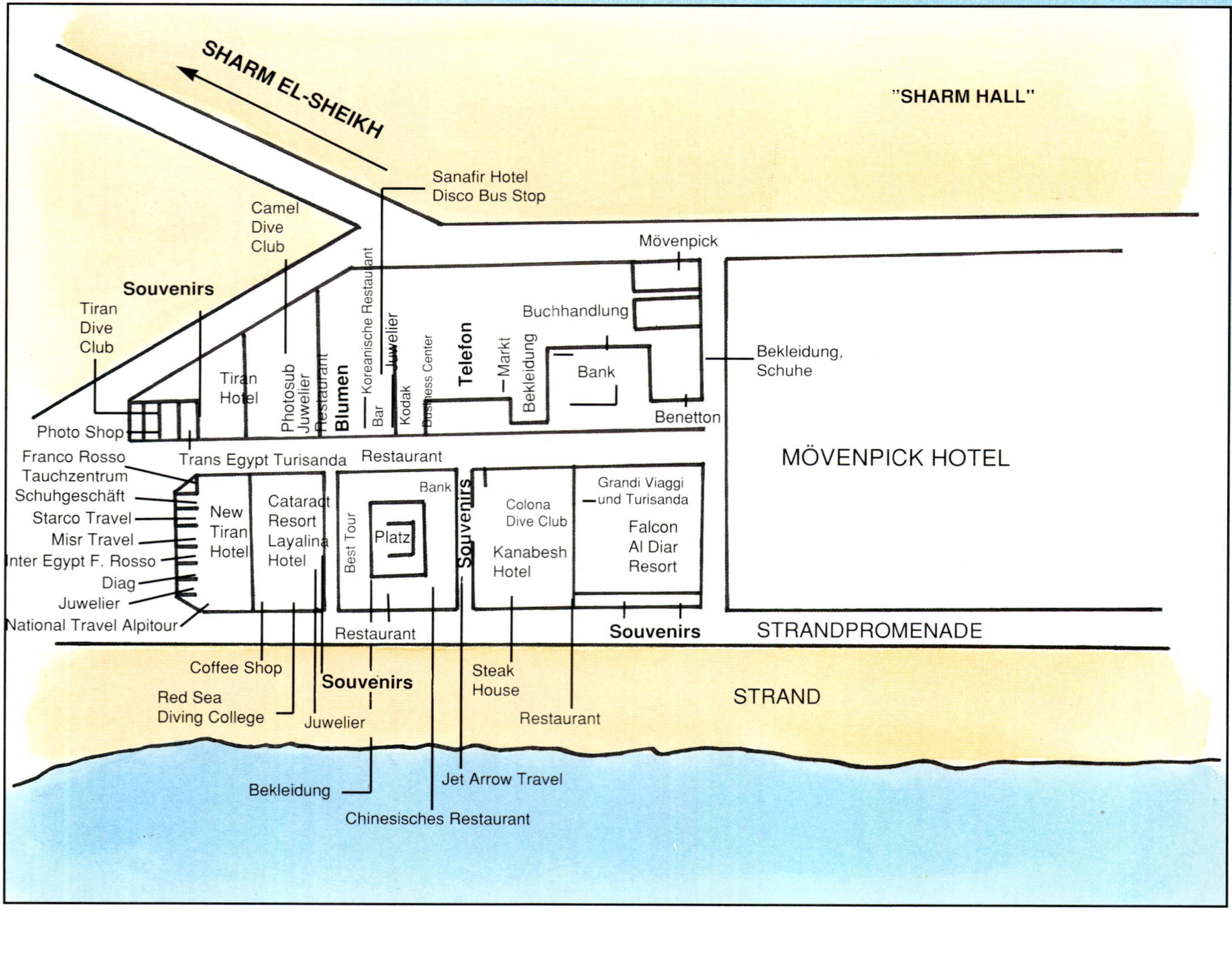

---

SHARM EL-SHEIKH

"SHARM HALL"

Sanafir Hotel
Disco Bus Stop
Mövenpick
Camel Dive Club
Souvenirs
Buchhandlung
Tiran Dive Club
Koreanisches Restaurant
Juwelier
Telefon
Bekleidung, Schuhe
Tiran Hotel
Photosub Juwelier
Restaurant
Blumen
Bar
Kodak
Business Center
Markt
Bekleidung
Bank
Photo Shop
Benetton
Franco Rosso Tauchzentrum
Trans Egypt Turisanda
Restaurant
Schuhgeschäft
Bank
Grandi Viaggi und Turisanda
MÖVENPICK HOTEL
Starco Travel
New Tiran Hotel
Cataract Resort Layalina Hotel
Best Tour
Platz
Souvenirs
Colona Dive Club
Falcon Al Diar Resort
Misr Travel
Inter Egypt F. Rosso
Diag
Kanabesh Hotel
Juwelier
National Travel Alpitour
Restaurant
Souvenirs
STRANDPROMENADE
Coffee Shop
Souvenirs
Steak House
Red Sea Diving College
Juwelier
Restaurant
STRAND
Bekleidung
Jet Arrow Travel
Chinesisches Restaurant

# NAAMA BAY

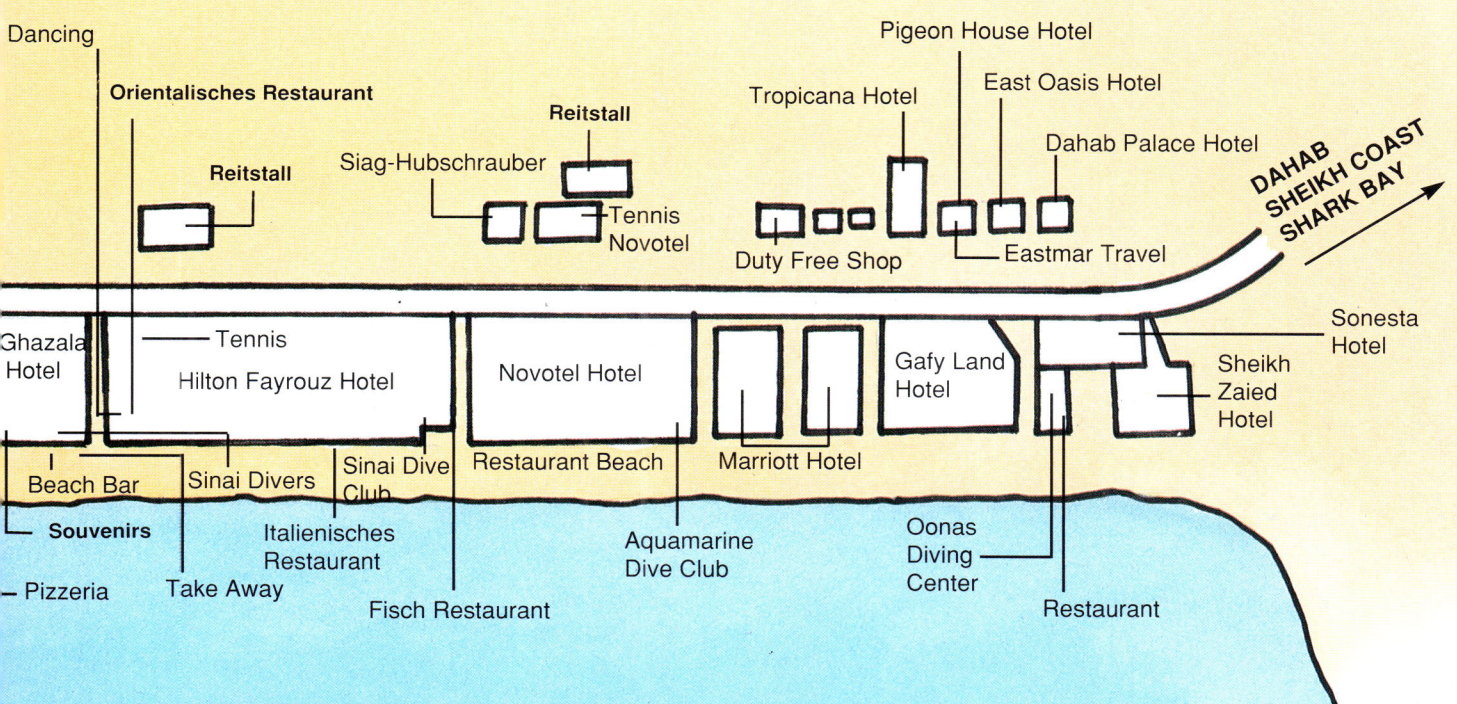

Dancing

**Orientalisches Restaurant**

**Reitstall**

Siag-Hubschrauber

**Reitstall**

Tennis
Novotel

Tropicana Hotel

Pigeon House Hotel

East Oasis Hotel

Dahab Palace Hotel

Duty Free Shop

Eastmar Travel

DAHAB
SHEIKH COAST
SHARK BAY

Ghazala
Hotel

Tennis

Hilton Fayrouz Hotel

Novotel Hotel

Gafy Land
Hotel

Sonesta
Hotel

Sheikh
Zaied
Hotel

Beach Bar

Sinai Divers

Sinai Dive
Club

Restaurant Beach

Marriott Hotel

**Souvenirs**

Italienisches
Restaurant

Aquamarine
Dive Club

Oonas
Diving
Center

Pizzeria

Take Away

Fisch Restaurant

Restaurant

**66 oben**
Trotz der starken
Konzentration von
Fremdenverkehrs-
einrichtungen findet
man längs der Kü-
sten von Naama
Bay noch zahlreiche
unberührte Stellen –
vor allem im Norden,
wo sich einige rei-
che Korallenriffe be-
finden, darunter
Near Garden und
Far Garden, zu de-
nen Unterwasser-
ausflüge organisiert
werden.

**66 Mitte**
Der neue Wohn-
komplex von
Sheikh Coast liegt
an einer großen
Bucht nördlich von
Naama Bay.

**66 unten**
In Shark Bay, nur
wenig nördlich von
der Sheikh Coast,
befindet sich ein Fe-
riendorf mit einem
gut ausgestatteten
Tauchzentrum.

**67 oben**
*Die zahlreichen Fremdenverkehrs-einrichtungen und Tauchzentren, die in diesen letzten Jahren entstanden sind, garantieren eine perfekte Organisation für Liebhaber des Meeres und leidenschaftliche Taucher.*

**67 Mitte**
*Die warmen Farben der Sinai-Wüste heben sich vom tiefen Blau der Gewässer des Roten Meeres ab.*

**67 unten**
*Das Leuchtfeuer nördlich von Ras Nasrani erhebt sich auf einem Korallenriff, das die Gewässer des Golfes von Akaba von einer nicht sehr tiefen Binnenlagune trennt. Es zeigt den Schiffen die Einfahrt zur Meerenge von Tiran.*

## Tauchstellen

Längs der Küste zwischen Sharm el-Sheikh und Ras Nasrani gibt es viele interessante Tauchstellen, von denen wir hier nur die wichtigsten erwähnen wollen:

### 1) Temple
Die von den Tauchbasen häufig für die ersten Tauchgänge ausgewählte Tauchstelle verdankt ihren Namen drei großen, vom Meeresboden aufsteigenden Türmen, die an die Säulen eines Tempels erinnern.

### 2) Ras Umm Sidd
Nahe beim Leuchtturm von Ras Umm Sidd und nicht weit von der oben erwähnten Tauchstelle entfernt. Hier kann man einen wahren Gorgonienwald mit Glasfischen und kleinen Anthias bewundern.

### 3) Amphoras
Diese Tauchstelle verdankt ihren Namen einem Wrack aus dem 16. Jahrhundert, das Quecksilber enthaltende Amphoren transportierte.

### 4) Tower
Der steile Abhang fällt bis auf 60 m Tiefe ins Blaue.

### 5) Near Garden
Die Tauchstelle liegt an der Nordseite von Naama Bay. Man kann hier Tauchgänge bis in eine Tiefe von 30 m unternehmen.

### 6) Far Garden
Diese Tauchstelle liegt nur etwas nördlicher als die vorhergehende. Bei Far Garden kann der Taucher Höhlen in der Felswand in einer Tiefe von etwa 10 m bewundern.

### 7) Shark Bay
Der Tauchgang erfolgt auf einem Korallenriff, das sich im südlichen Teil der Bucht befindet und von einem kleinen Canyon durchschnitten wird.

*68 oben und Mitte*
*Die Anhöhe von Ras Umm Sidd mit dem Leuchtturm begrenzt im Osten die Bucht von Sharm el-Maiya. Dank des Korallenriffs ist Ras Umm Sidd eines der von den Tauchern bevorzugten Ziele.*

*68 unten*
*Die Küste im Norden von Sharm el-Sheikh bei der Ortschaft Nabq wird von einem großen Korallenriff und einem Mangrovenwald gesäumt.*

## 8) Ras Nasrani

In der Nähe des großen Korallenriffs, das die Anhöhe von Ras Nasrani säumt, kann man auf etwa 20 m abtauchen, um die reichhaltige Riffauna zu bewundern. Etwas weiter im Norden, beim Leuchtturm von Ras Nasrani kann man einen weiteren Tauchgang unternehmen; das Korallenriff fällt hier bis auf eine Tiefe von 45 m ab.

## 9) Meerenge von Tiran

Derzeit kann man bei den beiden Riffen Gordon und Jackson tauchen. An beiden Stellen fällt das Korallenriff bis auf eine blaue Tiefe von 70 m ab.
Hier kann man viele pelagische Fische sehen (selbst Haie wurden gesichtet); die Strömung ist jedoch sehr stark.

**69 links oben**
*In der Luftansicht kann man leicht die Stelle erkennen, an der das Korallenriff in das tiefe Meer versinkt. Auf dem Foto ist Near Garden abgebildet, eine der beliebtesten Tauchstellen unweit von Naama.*

**69 links Mitte**
*Ein Riffbarsch* (Plectropomus marisrubri) *sucht Zuflucht unter einem Riffvorsprung; darunter die allgegenwärtigen, bunten Weichkorallen.*

**69 rechts Mitte**
*Die außerordentliche Verbreitung der Weichkorallen ist im Roten Meer darauf zurückzuführen, daß die Wassertemperatur niemals unter 20° C sinkt.*

**69 links unten**
*Diese Falterfische* (Heniochus diphreutes) *sind durch zwei breite, dunkle Streifen und die lange Schwanzflosse gekennzeichnet.*

**70 oben**
Ein großer Akropo-
ra-Schirm überragt
merkwürdige Koral-
lenformationen; er
bietet den kleinen
Riffischen Zuflucht
und Schutz.

**70 Mitte**
Diese Nachtauf-
nahme hebt die zar-
te Filigranstruktur
der Gorgonien-
fächer hervor, die
einen wahren
Unterwasserwald
bilden.

**70 unten**
Nur wenige Zenti-
meter unter der
Oberfläche zeigt das
Korallenriff seine
ganze Vielfalt; hier
können auch die
Nicht-Taucher die
Fauna und Flora
des Riffs kennen-
lernen.

**71 links oben**
Gorgonienäste, Schwämme und Madreporen kleiden die Wände einer Grotte aus und erschaffen eine außerordentliche Unterwasserlandschaft.

**71 rechts oben**
In der Vergrößerung erkennt man die winzigen, geöffneten Polypen eines Weichkorallenastes und die durchsichtige Struktur des Korallengewebes.

**71 rechts unten**
Ein kleiner, mutiger Anemonenfisch (Amphiprion bicinctus) verläßt den sicheren Schutz der Seeanemone, um drohend auf den Taucher zuzuschwimmen, der sein Territorium „betreten" hat.

**71 links unten**
Ein Drachenkopf (Pteoris volitans) zeigt die Strahlen der Brustflossen, die aufgrund der durchscheinenden Membran wie Federn aussehen.

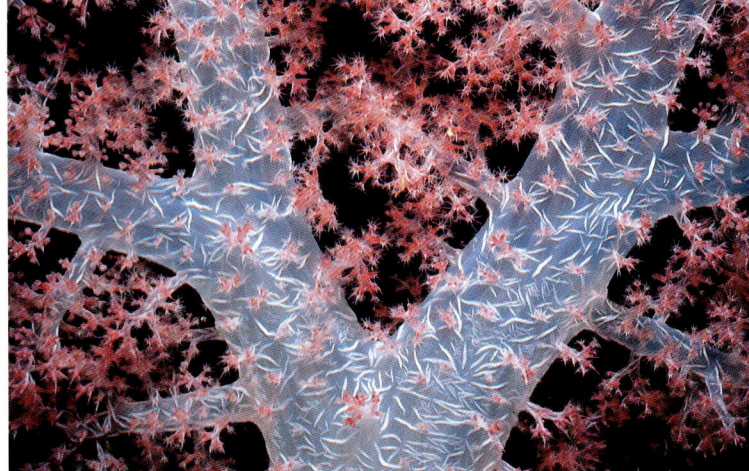

## Rundfahrten über Land

### WADI EL-AAT

Der richtige beduinische Name von Naama Bay lautet Marsa el-Aat („Bucht von Aat").
Hier mündet das breite Bett des Wadi el-Aat ins Meer.
Viele Hotels und das Einkaufszentrum von Sharm Mal wurden direkt an der Mündung des Wadi gebaut, ohne die Risiken im Falle von Hochwasser zu berücksichtigen. Um die Gefahr einzuschränken, wurde im Norden des Hotels Mövenpick ein Damm gebaut, der das Wadi el-Aat abschließt und das Wasser auffängt. Dieser Damm ist von der neuen (noch nicht fertiggestellten) Asphaltstraße aus sichtbar, die gebaut wurde, um den LKW-Verkehr um die Ortschaft herum zu leiten.

### Rundfahrt

Von Naama Bay kommend, biegt man nach der Mobil-Tankstelle sofort rechts ab. Nach etwa 2 km verwandelt sich die Straße in eine Piste, die sich bald gabelt. Man schlägt den rechten Weg ein, und bald kreuzt man die neue Umleitungsstraße. Ebenfalls rechts liegt ein Beduinendorf, dessen Hütten aus Blech und Steinen bestehen. Kurz nach dem Dorf erheben sich rechts drei kleine Granitgipfel des Djebel Ruwesat el-Nima, von wo aus man einen schönen Ausblick über das Wadi el-Aat Sharqui hat, dessen Damm man ebenfalls sehen kann. Die klar sichtbare Piste führt um diesen einzeln stehenden Berg herum nach Norden, am Djebel Dagilat vorbei. Etwa 8,5 km vom Anfang der Piste entfernt trifft man auf eine Abzweigung: Die Piste links führt nach Westen bis zu einem Granitsteinbruch, wo man riesige Steinblöcke sehen kann, die heute noch mit einer auf die Pharaonen zurückgehenden Technik gebrochen werden. Hier vermeide man die sich links öffnende Piste und nehme statt dessen die rechte, die den Flußlauf des Wadi el-Aat hinaufführt, den Djebel Wair rechts liegen lassend.
Die Piste führt dann zu einem weiteren Beduinendorf, das sie durchschneidet. Es wird jedoch empfohlen, das Dorf rechts zu umfahren, um seine Einwohner nicht zu stören. Interessant sind einige alte Steinbauten, die sich an große Granitfelsen anlehnen. Jenseits des Dorfes biegt die Piste nach links ab und läuft in den nördlichen Teil des Wadi el-Aat ein – an schönen, rötlichen Basaltkämmen vorbei, die die Eintönigkeit des Granitgesteins etwas aufheitern. Die Piste weist nun die Spuren der unzähligen Jeeps auf, die nach leichteren Strecken suchten. Man behält die Richtung bei, und nach 7,5 km gelangt man zu einer schönen, in den grauen Granit einschneidenden Schlucht, in der große Blöcke aus rosa Granit sowie Basaltgänge zu sehen sind. Wir befinden uns hier in Aed el-Aat, dem Wasserreservoir des Wadi el-Aat. Im Winter, wenn es geregnet hat, bildet sich hier ein kleiner Wasserfall mit Lachen, an denen die Tiere ihren Durst stillen. Aber auch in der trockenen Jahreszeit genügt es, etwas unter

dem groben Sand zu graben, um die Kamele zu tränken.
Man läßt das Auto stehen und macht einen kurzen Spaziergang über die riesigen, in die Wände der Schlucht eingelassenen Felsblöcke. Nach wenigen Schritten kann man links einen Kamelpfad sehen: Die Beduinen kennen einen Weg, der das Wadi el-Aat direkt mit dem Gebiet von el-Tor verbindet. Hier kann man selbst im Sommer im Schutz der großen Felsblöcke und im Schatten der großen Akazien etwas Frische genießen.
Auf der Rückfahrt kann man an der Abzweigung, die 8,5 km vom Anfang der Piste entfernt liegt, die östliche Richtung auf einem der zahlreichen Wege einschlagen und über einen breiten Granitsandhang nach Naama Bay zurückkehren.
Man fährt geradeaus weiter, und in der Ferne läßt sich der Horizont der Wüste nicht von dem des Meeres unterscheiden.

▲ Djebel Aat el-Sharqi

Aed el-Aat

▲ Djebel Aat el-Garib

Djebel Madsus ▲

**DAHAB**

**Flughafen Ras Nasrani**

Beduinendorf

*Wadi Aat el-Sharqi*

*Djebel Wa'ir*

Grube

Neue Straße

**Split Rock**

*Djebel Dagilat*

*Wadi Aat el-Sharqi*

*Djebel Ruwesat el-Nima*

Beduinen Dorf

Grube

Tankstelle

**NAAMA BAY**

*Mersa El-Aat*

Damm von Wadi el-Aat

*Wadi Awaga*

*Wadi Madsus*

**RAS MOHAMMED**

**SHARM EL-SHEIKH**

*Ras Umm Sidd*

*Sharm el-Sheikh Bucht*

*Sharm el-Maiya Bucht*

Rechts stößt man auf den Split Rock, einen großen, zerspaltenen Felsblock, Treffpunkt der Einwohner von Sharm el-Sheikh, die von hier zu ihren nächtlichen Festen in der Wüste aufbrechen. 6 km vom Split Rock entfernt verläuft die neue asphaltierte Ringstraße von Naama Bay parallel zur Küste. Überquert man die Straße und fährt geradeaus weiter, so gelangt man zur Hauptstraße zwischen Naama Bay und Sheikh Coast.

Dieser Ausflug ist weder lang noch mühsam, aber häufig sind die Pisten nur schwer erkennbar, verwischt oder vom Regen verändert. Orts- und Wüstenunkundigen wird deshalb geraten, sich von einem Beduinenführer begleiten zu lassen oder zumindest die öffentlichen Sicherheitsbehörden von diesen Vorhaben zu unterrichten.

**72**
*Der tiefste Teil des Wadi el-Aat wird von einer Schlucht gebildet, die man nur zu Fuß oder auf dem Kamelrücken durchqueren kann.*

**73**
*Die Granitspitzen des Djebel Ruwesat el-Nima befinden sich einige Kilometer von der Küste entfernt.*

Wadi Kid

DAHAB

D. Ghurabi el-Kebir

D. Gurabi el-Atsham

D. Gurabi el-Gharbi

Wadi Qabila

Djebel Qabila

Djebel Wa'ara

Ras Atantûr

Wadi Samra

Mangroven

Djebel Tarr

Wrack der Maria Schröder

Wadi Gharâbi el-Hetei Miya

Wadi Tarr

Fischerhütte

Djebel Umm Abram

Mangroven

Zementfabrik

Wadi Kid

Werk für Garnelenverarbeitung

Wadi Samma

Beduinenhütte

Djebel Umm Barqa

Nakhlet el-Tel

Wadi Umm Adawi

Mangroven

Djebel Barakat

Djebel Umm Araf

Wadi Barakat

Djebel Hamra

El-Garghana

W. Nabila

Wadi Mandar

W. Farash

W. Matorsha

Wadi Gabaola

Schule

Nabq-Oase Check Point

Beduinenlager

Djebel Muweirid

Djebel Eth Themain

Wadi Leith

Wadi Umm Adawi

Djebel Elguwat

Leuchtfeuer

MEERENGE VON TIRAN

Djebel Asawîra

Militär-Beobachtungsposten

MFO-Beobachtungsposten

Djebel Qaida

SHARM EL-SHEIKH NAAMA BAY

Flughafen

Ras Nasrani

74

## WADI MANDAR

Hier wollen wir eine kurze, nicht sehr anspruchsvolle Rundfahrt beschreiben, die jedoch in dem gedämpften Licht des Nachmittags, wenn die Farben und Formen der Felsen sich deutlicher abzeichnen, einen besonderen Zauber erhält.

Es wird empfohlen, die asphaltierte Straße auf der Rückfahrt noch vor Einbruch der Dämmerung zu erreichen, damit man die verschiedenen Spuren auf dem Sand noch erkennen kann, um sich nicht in den tiefen Sandgebieten zu verlieren.

### Rundfahrt

20,3 km nach dem ägyptischen Kontrollposten trifft man links von der asphaltierten Straße Sharm – Dahab auf das Wadi Mandar. Man erkennt den Eingang sehr leicht, dank einer weiß getünchten Schule für die Beduinenkinder am Anfang der Piste. Hier stehen zahlreiche Blechhütten von Beduinen, die das Nomadenleben aufgegeben haben und ihre Kamele gerne an diejenigen vermieten, die ihre Autos stehen lassen wollen (für eine Stunde mit Begleiter rechne man ungefähr 25 bis 30 ägyptische Pfund). Wer dagegen seinen Weg mit dem Auto fortsetzt, muß auf der gut ausgefahrenen Hauptpiste bleiben. Das Tal wird von einer Aufeinanderfolge von breiten Esplanaden gebildet, mit zahlreichen Akazien und von niedrigen Hügeln aus Granit eingefaßt, die von Basaltgängen und -adern durchzogen sind; sie bilden ein schwarzes Netzwerk in dem hellen Intrusivgestein.

13 km vom Anfang der Piste entfernt wird das Wadi von einer hohen Mauer aus Stein und Geröll abgeschlossen.

**75**

*Ein Ausflug zum Wadi Mandar bietet die Möglichkeit, die herrliche wilde Landschaft von Naama Bay zu erkunden. An den Wänden des Wadi kann man einige schöne Basaltgänge sehen, die ein schwarzes Netzwerk in dem rötlichen Granitgestein bilden.*

## WADI KID – OASE AIN KID

Das Wadi Kid beginnt im Herzen des Zentralmassivs des Sinai und mündet in der Höhe von Nabq in den Golf von Akaba.
Dieser Ausflug umfaßt einen Teil des Wadi, das sich in nordwestlicher Richtung links von der asphaltierten Straße ausdehnt.

### Rundfahrt

Die am Wadi entlang zur Oase Ain Kid führende Piste beginnt 41,6 km vom ägyptischen Militärkontrollposten entfernt. Kein Merkmal weist direkt auf die Mündung des Wadi hin. Die einige Meter tiefer als die Straße liegende Piste ist klar sichtbar, sobald man sich darauf befindet. Sie besitzt jedoch keine versandeten Stellen. Der Unterboden ist aus Schotter. 13,5 km vom Eingang des Wadi entfernt erhebt sich rechts eine Gesteinsformation aus glattem und abge-

**76 oben**
*Wandert man das Wadi Kid weiter hoch, so gelangt man in ein Tal mit einigen Wasserquellen, Palmen, kleinen, gepflegten Gärten und Steinhäusern der Beduinen.*

**76 Mitte**
*Das Wadi Kid endet mit einer engen Schlucht, wo man das Auto stehen läßt und zu Fuß weiter durch ein wildes, von Felsbrocken übersätes Gebiet wandert.*

**76 unten**
*Aufgrund seiner schönen und vielgestaltigen Landschaft und der nicht sehr großen Entfernung zur Naama Bay ist das Wadi Kid bei Touristen sehr beliebt.*

rundetem rosa Granit, der von tiefen Spalten durchzogen ist. Nach 1 km stößt man rechts von der Piste auf das einzige Beduinendorf des Tals, das das ganze Jahr über bewohnt ist und auf einer vor den Flutwellen geschützten Felsenterrasse liegt. Kurz danach folgen die ersten umzäunten Gärten und man sieht zwei Rohre aus schwarzem Kunststoff rechts am Fuß der Felsen, die das Wasser zum Dorf leiten. 16,5 km von hier entfernt befindet sich eine interessante Gruppe von Granitfelsen: eine Art Felsensockel, auf dem sich zwei große Felsblöcke in der Mitte des Wadibettes erheben.

Die Felswände rücken immer näher zusammen und schließen sich nach einer sanften Kurve mit einem herrlichen Spiel geometrischer Formen.

Man läßt das Auto stehen und schlägt den rechten Weg für eine Fußwanderung ein.

Der Ort ist wild, aber dank einer unterirdischen Wasserschicht können hier Akazien, Obstbäume und üppige Palmen gedeihen. Nach zwei oder drei etwas anspruchsvolleren Wegabschnitten zwischen den großen Granitblöcken hindurch wird der Weg etwas bequemer. Die Berge ragen majestätisch hoch auf, die Ruhe wird nur ab und zu vom Ruf eines Vogels und Rauschen des Windes in den Palmkronen unterbrochen. Rechts erweckt ein großer, kuppelförmiger Felsen Neugier.

In der Mitte des Wegs wurde eine Mauer gebaut, um das Regenwasser hinter diesem improvisierten Damm zu sammeln. Kurz danach trifft man auf einige Steinhütten, die zwischen den Palmen verstreut liegen und fast ausschließlich zur Erntezeit der Datteln bewohnt sind. Es gibt viele Brunnen, die ebenfalls aus Stein sind. Ain Kid ist ein zwischen den Bergen eingeschlossener schöner Dattelpalmengarten, der vom Tourismus noch einigermaßen verschont geblieben ist.

**77 oben**
*Häufig trifft man im oberen Teil des Wadi Kid auf Beduinen, die hier leben und sich den Wasserreichtum des Gebietes für eine bescheidene Landwirtschaft zunutze machen.*

**77 Mitte und unten**
*Das Wadi Kid wird in seinem östlichen Teil von Kalk- und Sandsteinformationen gebildet. Die weichen Felsen, die sich im Tertiär gebildet haben, weisen häufig deutlich sichtbare Spuren der Erosion auf.*

## DER NATIONALPARK VON NABQ – OASE DER MANGROVEN – WADI QABILA

Die Rundfahrt führt über die sogenannte Piste des Ostens. Dies ist eine weiße Straße, zum großen Teil gut befahrbar, die von den beduinischen Fischern benutzt wird und erst vor kurzem vom Tourismus entdeckt wurde. Das Gebiet von Nabq hat eine Ausdehnung von 600 qkm und wurde zum Naturschutzgebiet erklärt. 1992 wurde es dem Nationalpark Ras Mohammed angeschlossen. Das empfindliche Gleichgewicht der Natur in diesem Küstenstreifen rechtfertigt die sehr strenge Umweltschutzpolitik, die von den Behörden des Reservats betrieben wird. In diesem herrlichen Gebiet hat der Besucher die Möglichkeit, eine vor Leben wimmelnde Lagune zu besichtigen, die in krassem Kontrast zur stillen Leere der umliegenden Wüste steht.

Die Einsiedlerkrebse sowie die Schlammkrebse sind häufige Bewohner dieser Strände, und vor allem letztere spielen eine bedeutende Rolle, denn dank ihres unaufhörlichen Grabens wälzen sie ständig den Sedimentsand um und tragen zur Sauerstoffanreicherung und Fertilisierung des Bodens bei.

Bei Nabq befindet sich der größte Mangrovenwald des ganzen Sinai, der sich über mehr als 4 km an der Küste entlangzieht. Diese Pflanzen mit ihren typischen, an der Wasseroberfläche sichtbaren Wurzeln und der salzrauhen Blattunterseite gehören zu der Art der Avicenia marina – einer besonderen Mangrovenart dieses Gebietes, deren Wurzeln imstande sind, das Meereswasser zu filtern und die Salzkristalle (Natriumchlorid) durch die Blätter auszustoßen. Die Mangroven sind in diesem Ökosystem auch deshalb wichtig, weil sie mit ihren Wurzeln die Sedimente binden und so die Erosion der Küstenlinie verhindern.

Die Oase der Mangroven im Na-

*78 oben*
*Luftansicht der eindrucksvollen Korallenformationen längs der Küsten von Nabq. Der Strand ist von dichten Mangrovengruppen gesäumt.*

*78 unten*
*Der „Mangrovenwald" im Schutzgebiet von Nabq, nördlich von Naama Bay. Es ist der größte und bedeutendste dieser Art auf der gesamten Halbinsel. Die Mangroven (Avicenia marina) filtern das Meerwasser und sondern durch ihre Blätter die Salzkristalle ab.*

tionalpark von Nabq wird als der nördlichste Ort des vom Roten Meer und Indischen Ozean gebildeten Ökosystems betrachtet, in dem sich die Avicenia marina entwickelt hat. In Nabq lebt eine Vielzahl von Tierarten – von den kleinen Fischen, die ihre Eier im seichten und sicheren Gewässer zwischen den Mangroven legen, bis zu den verschiedenen Vögeln, die in ihren Kronen nisten. Das nahe Meer bietet allen Tieren dieses Gebietes reichlich Nahrung. In der Oase von Nabq kann man viele Silberreiher, Fischreiher und

Fischadler beobachten; dazu kommen in ihrer Wanderzeit die Störche. Die sich bis an die Küste hinziehenden Wadis weisen in diesem Schutzgebiet eine im Süden des Sinai einzigartige Vegetation auf und stellen das ideale Habitat für verschiedene wilde Tiere dar (Füchse, Gazellen, Hyänen, Steinböcke, usw.). Gleichzeitig üben sie eine Regulierungsfunktion auf die Wanderung der Sanddünen aus.

**79 oben**
*Das Schutzgebiet von Nabq wurde vor kurzem in den Nationalpark Ras Mohammed aufgenommen und einem strengen Schutz unterstellt, um seine Unberührtheit zu erhalten.*

**79 Mitte**
*Die Vegetation der Nabq-Oase wird nicht nur von Mangroven, sondern auch von verschiedenen Palmenarten gebildet.*

**79 unten**
*Zahlreiche Schalentiere graben ihre Höhlen im seichten Wasser zwischen den Wurzeln der Mangroven.*

## Rundfahrt
Jenseits des Flughafens Ras Nasrani verläuft die asphaltierte Straße zwischen Minenfeldern, die von Stacheldraht umgeben sind. Rechts befindet sich ein Militärstützpunkt der MFO in günstiger Position an der Enge von Tiran. Nur wenige Schritte entfernt beginnt an einer kleinen, asphaltierten Esplanade, die vermutlich als Hubschrauberlandeplatz diente, eine kleine Straße, die zu einem alten Militärwachposten aus der Zeit des Kriegs zwischen Ägypten und Israel führt.
Auf der heute fast vollständig zerstörten Betonplattform stand ein schweres Geschütz, mit dem die Durchfahrt durch die Meerenge

**80 oben**
*Der neue internationale Flughafen von Ras Nasrani ist der wichtigste des gesamten Sinai; er kann den ständig steigenden Anforderungen des internationalen Tourismus voll und ganz gerecht werden.*

**80 Mitte**
*Das Wrack des Frachters Maria Schroeder, der 1965 auf das Korallenriff von Nabq auflief, ist eines der beliebtesten Ziele der Besucher im Gebiet von Nabq.*

**80 unten**
*Das große Korallenriff an der Küste vor dem Flughafen Ras Nasrani ist sehr schön und bei Tauchern und Schnorchlern gleichermaßen beliebt.*

überwacht wurde.

Die Straße geht weiter, nun nicht mehr asphaltiert. Nach einigen Kurven zweigt sie rechts ab und verläuft parallel zur Küste.

Am Horizont kann man auf der anderen Seite des Golfes von Akaba die Küste Saudi-Arabiens sehen. 6,5 km vom alten Militärstützpunkt entfernt, führt die Piste an einem der Leuchtfeuer der Meerenge vorbei. Nach wenigen Metern schließt sie an eine andere Piste an, die in nordöstlicher Richtung verläuft. 9,7 km vom militärischen Wachposten entfernt befindet sich die kleine Oase Nabq. Der Checkpoint der ägyptischen Armee liegt verborgen zwischen den üppigen Palmenhainen, die auf eine große, unterirdische Wasserschicht hindeuten. Normalerweise kontrollieren die Soldaten die Reisepässe.

4 km von der Kontrollstelle entfernt stößt man auf die erste Mangrovengruppe bei Nakhlet el-Tel (auch el-Garghana). Einige beduinische Fischerfamilien leben das ganze Jahr über in dem nicht weit entfernten Dorf, das aus wenigen armen Hütten aus Blech und Palmenwedeln besteht.

Die Bevölkerung nimmt in der Wanderzeit der „snappers" (Lutjanus bohar) zu, die im Ortsdialekt nur shaour genannt werden. Es handelt sich dabei um große, silberglitzernde Fische, die Zahnbrassen ähneln und in der Laichzeit in Schwärmen vom Golf von Akaba in die wärmeren Gewässer von Ras Mohammed ziehen. Die Piste zieht sich längs der Küste weiter, und nach einer Kurve um eine schöne Palmengruppe herum läuft sie an einer grünen Blechkonstruktion mit großen Becken vorbei, in denen Garnelen gezogen werden.

Es handelt sich um das erste Beispiel für Wasserkultur, das im südlichen Sinai unter der Schirmherrschaft des Nationalparks durchgeführt wird und Teil eines größer angelegten wirtschaftlichen Entwicklungsprogramms für diese Region ist, das auch Arbeitsplätze für die hier lebenden Beduinen schaffen soll.

10 km vom ägyptischen Checkpoint entfernt verzweigt sich die

Piste und führt rechts ins Herz der Lagune mit herrlichem weißen Sand und warmem Wasser (von Mai bis Oktober).

Sie ist von einem üppigen Mangrovenwald umgeben, der sich über etwa 4 km längs der Küste bis zum Korallenriff ausdehnt. Links ist das nunmehr vom Meer zerstörte Wrack der Maria Schroeder, eines 1965 auf das Korallenriff aufgelaufenen Schiffes, der unübersehbare Beweis für die Gefährlichkeit dieser Gewässer. Am Strand haben die beduinischen Fischer ihr Hauptquartier aufgeschlagen. Sie versammeln sich in einer kleinen Hütte aus Holz und Palmwedeln und entwirren ihre Fischnetze, flicken sie mit großen Hakennadeln, backen ihr ungesäuertes Brot auf Metallplatten, die direkt auf der Glut liegen, und trinken Tee. Eine wichtige Aufga-

be ist das Trocknen der Fische, die ausgenommen, innen eingeschnitten und mit Salz bestreut werden, das bei Ebbe von den Klippen gekratzt wird; dann trocknen sie einige Tage lang auf dem Dach der Hütte an der Sonne. Man läßt die Oase der Mangroven hinter sich und gelangt 14 km vom Kontrollposten der Armee entfernt, rechts an eine Palmengruppe, die von einer Mauer umgeben ist. Wenige Meter weiter ist links eine Abzweigung zum Wadi Kid (das hier auch Wadi Khresa genannt wird) angezeigt. Die Piste zum Wadi Kid ist breit und bequem zu befahren und führt direkt zur asphaltierten Straße, die Sharm el-Sheikh in der Nähe der Zementfabrik mit Dahab verbindet. Ein anderer, viel abenteuerlicherer Weg führt über die Piste längs des Wadi Khabila. Sobald

man die Oase der Mangroven verlassen hat, schlägt man die nach Osten führende Piste ein. Nach einer zweiten Lagune, die kleiner, aber ebenso bezaubernd wie die Oase ist, führt die Piste weiter an der Küste entlang. Etwa 19 km vom Checkpoint entfernt, fährt man links nach einem Steinbau in das Wadi Khabila hinein, das sich über 12 km bis zur Asphaltstraße entlangzieht. Die Piste ist gut gekennzeichnet, aber man braucht schon einen Geländewagen, um einige besonders schwierige Stellen zu überwinden.

*81 oben*
*Die Mangrovenoase von Nabq ist der nördlichste Ort, an dem sich die Avicenia marina*

*entwickelt hat, die typischerweise im Gebiet zwischen dem Indischen Ozean und dem Roten Meer gedeiht.*

*81 unten*
*Eine kleine, aus Palmenblättern und -fasern gebaute Hütte bietet den wenigen Fischern im Gebiet von Nabq Schutz.*

*In der Fischereisaison wird ein Teil des Fisches als Wintervorrat eingesalzen und zum Trocknen gelegt.*

## PRAKTISCHE INFORMATIONEN

Für die beschriebenen Rundfahrten ist ein Geländewagen erforderlich, den man mit oder ohne Fahrer in Sharm mieten kann (man findet Autovermieter bei den Hotels Mövenpick, Hilton, Ghazala).
Wer die Hilfe eines Beduinenführers in Anspruch nehmen will – was all denen empfohlen wird, die keine Erfahrung mit Ausflügen

in die Wüste haben – kann sich an den Camel Dive Club (Einkaufszentrum Sharm Mall) oder an das Feriendorf von Shark Bay wenden (man rechne mit ungefähr 50 ägyptischen Pfund pro Tag). Für die weniger Abenteuermutigen gibt es Agenturen, die Ausflüge mit Geländewagen, Fahrer und Fremdenführer organisieren.

## DIE MEERENGE VON TIRAN

Die Meerenge von Tiran, die den Abschluß des Golfes von Akaba im Süden bildet, wird von den Küsten der Sinai-Halbinsel und der Halbinsel Saudi-Arabiens gebildet. In der Mitte der Enge liegt die Insel Tiran, daneben, im Osten, die kleine Insel Sanafir. Die Meerenge von Tiran ist von größter militärischer Bedeutung und auf den beiden zu Saudi-Arabien gehörenden Inseln, die Ägypten sozusagen „geliehen" wurden, darf man nicht anlegen. Längs der südöstlichen Küste von Tiran und an den Korallenriffen im Nordwesten, die als die schönsten der gesamten Region von Sharm beschrieben werden, kann man an verschiedenen Stellen herrliche Tauchpartien unternehmen.

Vier Korallenriffe nehmen die Mitte der Meerenge ein: Gordon Reef im Norden, Jackson Reef im Süden und zwei weitere, kleinere Riffe, Thomas Reef und Woodhouse Reef in der Mitte. Alle diese Riffe sind bevorzugte Ziele zahlreicher Taucher, die diese Gewässer den stärker frequentierten von Ras Mohammed vorziehen. Die Fauna pelagischer Art ist hier sehr vielfältig; häufig kann man auch größere Fische und Haifische beobachten.

Aufgrund der starken Strömungen in der Meerenge von Tiran sollten die Taucher jedoch größte Vorsicht walten lassen.

**82 oben**
*Die gewundenen Peitschenkorallen und sich in der Strömung wiegenden Weichkorallen bilden die herrliche Umgebung des Tauchers.*

**82 unten**
*Von den vier Riffs, die sich längs in der Meerenge von Tiran entlangziehen, ist Gordon Reef das südlichste. Auf dem Korallenriff befindet sich das Wrack eines Schiffs, das auf die Nordseite aufgelaufen ist; im Süden kennzeichnet ein kleines Leuchtfeuer den schiffbaren Kanal. Oben kann man das kleine Thomas Reef sehen.*

**83 links oben**
Das ganze Gebiet der Insel Tiran ist von größter strategischer Bedeutung und unterliegt heute noch einer Reihe von militärischen Einschränkungen. Aufgrund seiner attraktiven Flora und Fauna wurde es in den Nationalpark Ras Mohammed aufgenommen.

**83 links unten**
Die von den starken Strömungen dieser Gewässer im Wachstum begünstigten Weichkorallen und Gorgonien überziehen die Wände des Riffs.

**83 rechts oben**
Die Anhöhen der Insel Tiran bilden den Hintergrund für ein Wrack, das auf das Korallenriff Gordon Reef aufgelaufen ist.

**83 Mitte rechts**
Die Wellen brechen sich am Riff. Hier kann man alle wichtigen Korallenfischarten antreffen.

**83 rechts unten**
Schwimmt man nur wenige Meter unterhalb der Wasseroberfläche, hat man den Eindruck, einen Korallengarten zu durchqueren, in dem Akroporenschirme hier und dort großen Feuerkorallen- und Madreporenformationen weichen.

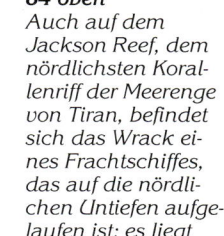

**84 oben**
Auch auf dem Jackson Reef, dem nördlichsten Korallenriff der Meerenge von Tiran, befindet sich das Wrack eines Frachtschiffes, das auf die nördlichen Untiefen aufgelaufen ist; es liegt parallel zum Frachtschiff auf dem Gordon Reef.

**84 Mitte links**
Ein dichter Schwarm von Barrakudas (Sphyraena qenie) schwimmt mit der Strömung.

**84 Mitte rechts**
Die Meerenge von Tiran mit ihren Korallenriffen ist eines der beliebtesten Ziele der Taucher von Naama Bay.

**84 unten links**
Die Carangidae (Caranx sp.) sind kräftige Raubfische, die sich von kleinen Fischen ernähren, die sie im Schwarm jagen; aber man kann auch größere Alleingänger an den Riffwänden auf der Jagd sehen.

**84 unten rechts**
Die Farben der Schwämme und Korallen, die an der Riffwand wachsen, verschmelzen zu einer harmonischen, ungewöhnlichen Komposition.

**85 oben**
*Der stachelige Sol-
datenfisch (Sargo-
centron spiniferum)
ist häufig sehr ag-
gressiv, vor allem
wenn es darum
geht, sein Territori-
um vor Eindringlin-
gen zu verteidigen –
seien es andere Fi-
sche oder Taucher.*

**85 Mitte**
*Die am weitesten im
Roten Meer verbrei-
tete Weichkorallen-
art ist zweifellos die
Nephteis-Koralle, die
sich durch eine un-
glaubliche Vielzahl
von Farbtönen aus-
zeichnet.*

**85 unten**
*Ein riesiger Gorgo-
nienfächer ragt von
der Korallenwand
mit verschiedenen
Ästen ins offene
Meer hinaus.*

## VON NAAMA BAY NACH DAHAB

Zwischen der asphaltierten Straße, die Sharm el-Sheikh mit Dahab und der Küste des Golfes von Akaba verbindet, dehnt sich ein Gebiet aus, das von in nordöstlicher Richtung verlaufenden Wadis durchzogen wird. Mit breiten Esplanaden aus Geröll und Erdablagerungen, die bei starken Regenfällen vom Hochwasser der rauschenden Wadis mitgerissen werden, geht es ins Meer über. Die Berge sind nicht sehr hoch, ihr höchster Gipfel ist der Djebel Qnai mit 1080 m. Die Bergspitzen aus sprödem Granit und die Hänge sind von der Witterung glatt und einheitlich gestaltet. Ihre Aufeinanderfolge wird von den langen, dunklen Intrusionen des Vulkangesteins unterbrochen, das die Felswände vertikal schneidet oder Ränder bildet. Akazien, Kapern, Sukkulenten und Wüstenmelonen sind keine Seltenheiten in dieser Gegend. Ein Gewitter genügt, um die Vegetation in kräftigem Grün erstrahlen zu lassen.

Wenn die Jahreszeit es zuläßt, beleben sich die Beduinendörfer und -lager, deren Einwohner sich hauptsächlich um ihre Herden kümmern.

Häufig kann man in dieser von Felsen und breiten Sandflächen gebildeten Landschaft kleine Beduinengruppen auf Kamelen sehen, gefolgt von Herden schwarzer Ziegen, die von den Frauen oder Kindern betreut werden. Die wenigen Bauten und Siedlungen weisen auf die Sandgruben hin, wo vorwiegend Glas und Zement hergestellt werden.

### Rundfahrt

3 km nach Naama Bay gelangt man zunächst an die Straße, die rechts zu der Touristensiedlung Sheikh Coast (Coral Bay) führt. Nach weiteren 3 km erreicht man die Piste zur Shark Bay, wo sich ein Bungalowdorf und ein Tauchzentrum befinden.

Eine dritte Piste führt 1 km zur Tauchstelle Wichita Falls. Man gelangt so an den ägyptischen Checkpoint. Man schlägt die parallel zur Küste verlaufende Straße

ein, und nach 4 km erreicht man den internationalen Flughafen Ras Nasrani; die links nach Dahab abzweigende Straße führt jenseits des Checkpoints in nordöstlicher Richtung in die Berge und auf den Sharira-Paß. Beim Kilometer 50, links, befindet sich der Eingang zum Wadi Madsus (siehe Rundfahrt: Wadi Madsus, Wadi Shetan, Wadi Shellal, Wadi Nasb, Oase von Nasb). Beim Kilometer 55,5 steht auf dem Sharira-Paß ein kleines pyramidenförmiges Denkmal für einen israelischen Ingenieur, der hier von einer Mine getötet wurde. Nach 63 km stößt man rechts auf die zum Wadi Qnai el-Rayan führende Piste (siehe Rundfahrt). Nach weiteren 1,3 km führt eine weitere, breite Piste zum Wadi Qnai el-Atshan hinab (siehe Rundfahrt) und schließlich zur Küste des Roten Meeres in der Nähe von Dahab, nachdem man eine eindrucksvolle Schlucht mit hohen Felswänden durchquert hat. 80 km nach der Kontrollstelle gelangt man zu einer Abzweigung. Links schlägt man die Straße nach Nuweiba ein, rechts dagegen fährt man nach Dahab hinunter. 3 km von der Abzweigung entfernt, beginnt kurz vor der Ortseinfahrt von Dahab rechts eine beschilderte Piste zur Wadi Connection und zum Rest Valley Mountain (siehe Rundfahrt). Links kreuzt man eine nach Norden führende, asphaltierte Straße, die direkt an die Piste anschließt, die zu den berühmten Tauchstellen Canyon und Blue Hole führt. Fährt man geradeaus weiter in Richtung Osten, kreuzt man eine zweite asphaltierte Straße, die zum Dorf Assalah führt, und nach wenigen hundert Metern erreicht man Dahab.

*86 und 87 oben*
*Ein Wellenmuster feinsten, goldenen Sandes, Erosionsprodukt der Felsen, vom Wind eigenartig gestaltet,*

*kann an der Straße nach Dahab bewundert werden. Der Name Dahab bedeutet in der Sprache der Beduinen „Gold".*

Paß

**NUWEIBA**

Schluchten des
Wadi Nasb

Ras Sadiqiya

Blue Hole

Wadi Qurna

**Wadi Nasb**

Wadi el - Ghaib

Wadi Mir

Djebel
Erdeini

Blockstelle

*Nasb
Oase*

**KATHARINENKLOSTER**

**Wadi Nasb**

Wadi Shellal

Wadi Dahab

Djebel
Khureisa

*Djebel
Nasb*

Muselman Grab

*Djebel
Hashara*

**Assalah**

Mehrfarbiger Sandstein

**Wadi Shetan**

Djebel Ferani

Djebel Umm
Misma

Wadi Umm
Misma

Steiler Hang

**Wadi
Connection**

Wadi Qnai

**DAHAB**

Djebel Abu Lassaf

D. Mezelli

Djebel Umm
Alaqua

D. Masura

**Beduinendorf
(je nach Jahreszeit)**

Kaffeehaus

**Wadi Qnai el-Atshan**

**Wadi Qnai el-Rayan**

**Wadi Kid**

*Djebel
Gazala*

*Djebel el-
Themila*

Ende der Radpiste

Ain Kid
Oase

*Djebel
Ethmon*

Djebel Umm
Sella

Shahira-Paß

**GOLF VON AQABA**

Ende der
Autopiste

Wadi Madsus

*Djebel
Madsus*

Felsengruppe

Großer Felsen

*Djebel
Kid*

Wasserzisterne

*Djebel Umm
Zariq*

**Wadi Kid**

Wadi Malhag

*Wadi Qabila*

MFO-Tonne
Wadi Qabila

Wadi Kid

**NAAMA BAY**

**87 unten**
*Eine schmale Zunge
aus Felsen und
Sand, die von einem
schönen Korallenriff
gesäumt ist, begrenzt
im Norden die Qura-
Bucht bei Dahab.*

## WADI MADSUS – WADI SHETAN – WADI SHELLAL – WADI NASB – OASE NASB

**88 oben**
*Das Wadi Madsus ist ein wildes Tal mit wenig Pflanzenwuchs, das in einen eindrucksvollen Steilhang zu dem darunter liegenden Wadi Shellal übergeht. Auf dem Bild kann man einen der zahlreichen Basaltgänge erkennen, die die Granitformationen an vielen Stellen unterbrechen.*

**88 unten**
*Die kleine Oase des Wadi Shetan mit einem kleinen Wasserfall liegt, am Anfang des Wadi Shellal, nur wenige hundert Meter von der Piste entfernt.*

Die wahren Abenteurer werden diese Rundfahrt schätzen, die über mehr als 90 km Pisten und durch Wadis führt, die abseits der großen Touristenströme liegen. Dieser Ausflug kann an einem Tag bewältigt werden, wenn man früh am Morgen aufbricht, oder an zwei halben Tagen mit einer Übernachtung in der Oase des Wadi Nasb. Aufgrund eines sehr steilen, etwa 600 m langen Hangs wird empfohlen, den Weg in Richtung Süd-Nord zurückzulegen und den Hang mit dem Geländefahrzeug im ersten oder zweiten Gang hinunterzufahren.

### Rundfahrt
Man legt von der militärischen Kontrollstelle am Anfang des Wadi Madsus, links von der asphaltierten Straße, 42,6 km zurück. Das Wadi Madsus erkennt man leicht, denn es ist durch eine orange-weiße Tonne der MFO gekennzeichnet, die den Beginn der Piste anzeigt und sich nur 1 km nördlich vom Anfang des Pistenabschnitts des Wadi Kid befindet, das links von der asphaltierten Straße verläuft. An den Seiten der Piste stößt man hier und dort auf Hubschrauberlandeplätze, die durch weiße Steine gekennzeichnet sind und von den Soldaten der MFO benutzt werden (rechts, 4 km vom Anfang des Wadi, und links, nach 12 km; diese Anlagen sind jedoch nicht stationär). 19 km nach Anfang des Wadi trifft man auf die ersten Schluchten, die sich über etwa 1 km hinziehen; dann läßt man das Gebirge, das mit seinen von grünen und lila Steinen gebildeten Hängen ins Tal ausläuft, allmählich hinter sich. Die Piste endet links auf einer Aussichtsterrasse über dem darunter liegenden Wadi Shellal, während sie rechts über einen sehr steilen Hang weiterführt, den man nur mit größter Vorsicht hinunterfahren sollte. Unten angekommen, befindet man sich vor einer schönen Sandsteinformation mit lebhaften, in dieser Gegend ungewöhnlichen Farben (Gelb, Rot, Lila, Ocker, Blaugrau). Am Ende der Abfahrt gelangt man nach weni-

gen Metern zum Beduinengrab eines heiligen Mannes mit dem typischen Kuppeldach und einem Halbmond aus Schmiedeeisen darüber. Vom Grab aus kann man das kleine Wadi Shetan zu Fuß hinaufgehen, und nach etwa 15 Minuten gelangt man an einen Wasserfall, an dem die Beduinen häufig ihre Tiere tränken. Begibt man sich dagegen wieder auf die Hauptpiste längs des sandigen Wadi Nasb, so kommt man nach etwa 6 km an den Treffpunkt mit dem Wadi Nasb, in das man links einfährt. Nach 8 km erreicht man eine reizvolle, von Gärten und Palmenhainen gebildete Oase. Das Wadi Nasb bietet eine üppige Vegetation: Wilde Kapern, Senfpflanzen und leuchtendgrüne Büsche ziehen sich an den Felswänden entlang. Nachdem man viele Kilometer in der dürren und unwirtlichen Wüste zurückgelegt hat, erscheint diese frische, versteckt liegende Oase wie eine Fata Morgana. Kurz nach der Oase muß man seine Rundfahrt (die Piste führt bis zum Katharinenkloster) an einer von ägyptischen Soldaten errichteten Straßensperre abbrechen, wenn man keine Sondergenehmigung der Militärbehörden hat. Mit der Genehmigung kann man längs der Piste weiterfahren, die an eindrucksvollen Sandsteinformationen vorbei in das Gebiet des Katharinenklosters und der Blauen Wüste führt. Kehrt man dagegen in das Hauptbett des Wadi Nasb am Zusammenfluß mit dem Wadi Shellal zurück und setzt seinen Weg nach Nordosten fort, so schlängelt sich die Piste über 16 km durch eine breite Esplanade. Sie führt über einen Paß und biegt zwischen Stacheldrahtbarrieren nach rechts ab, wo ein reizvoller Weg an Steilwänden vorbeiführt, deren Magmagestein ständig seine Farben wechselt – von Rosa zu Rot, von Grau zu Hellblau, in Tausenden von Farbtönen und Nuancen. Nachdem man diese eindrucksvollen Formationen bewundert hat, gelangt man schließlich auf die asphaltierte Straße von Nuweiba nach Dahab, ca. 7 km von der Kreuzung nach Dahab entfernt.

**89 oben**
*Eine herrliche Aussicht auf das Wadi Shellal bietet sich dem Besucher von der Felsenterrasse am Ende des Wadi Madsus aus.*

**89 Mitte rechts**
*Das Wadi Shellal mündet in das großartige Wadi Nasb, eines der bedeutendsten Wadis des Sinai, das sich tief und vegetationsreich mit einer Reihe von breiten Windungen wie ein Sandfluß durch die Wüste zieht.*

**89 Mitte links**
*Der steile Abhang, der am Ende des Wadi Madsus zum darunter liegenden Wadi Shellal führt, muß sehr vorsichtig angegangen werden.*

**89 unten**
*Am Anfang des Wadi Shellal trifft man auf eine kleine islamische Grabstätte, wo die sterblichen Reste eines heiligen Mannes begraben sind.*

# DAHAB

Dahab liegt auf einem Vorgebirge, das zwei Buchten einfaßt: Qura und Ghazala. In der Bucht Qura, die im Norden von dem sich hakenförmig krümmenden Vorgebirge von Dahab geschützt wird, befindet sich der große Touristenkomplex Holiday Village. Die Bucht Ghazala ist breiter und nicht so tief wie Qura; ihre Strände bestehen aus einem feinen, goldgelben Sand, der vermutlich der Ortschaft den Namen verlieh, denn „Dahab" bedeutet in der Sprache der Beduinen „Gold". Ein großer Palmenhain, einer der schönsten der gesamten Sinai-Halbinsel, rahmt den Strand von Ghazala ein. Die herrliche Landschaft wird leider von der unkontrollierten Ausdehnung des Beduinendorfs Assalah verunstaltet.

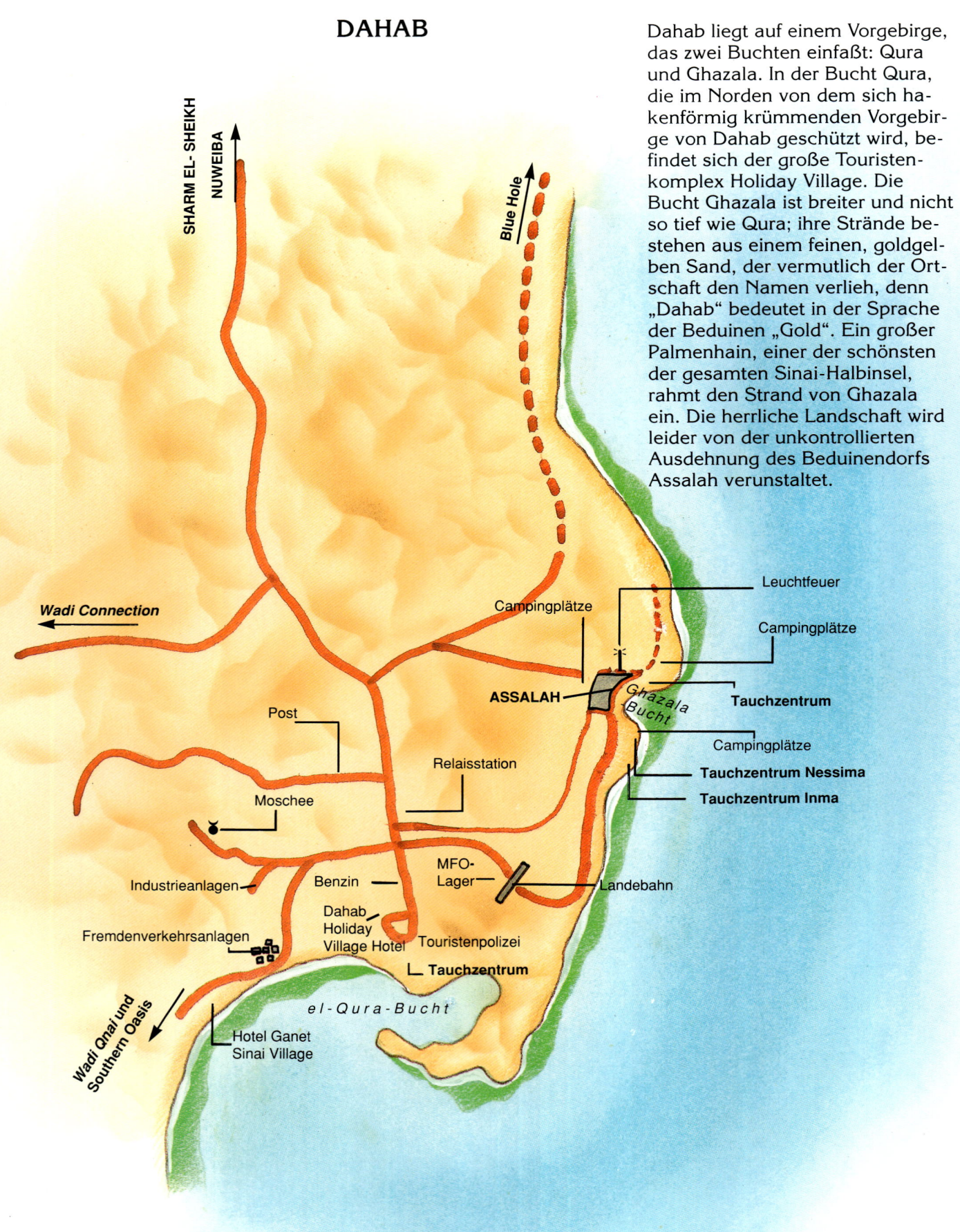

SHARM EL- SHEIKH
NUWEIBA

Blue Hole

Wadi Connection

Campingplätze

Leuchtfeuer

Campingplätze

**ASSALAH**

Ghazala Bucht

**Tauchzentrum**

Post

Campingplätze

Relaisstation

**Tauchzentrum Nessima**

**Tauchzentrum Inma**

Moschee

Industrieanlagen

Benzin

MFO-Lager

Landebahn

Fremdenverkehrsanlagen

Dahab Holiday Village Hotel

Touristenpolizei

**Tauchzentrum**

*el - Q u r a - B u c h t*

Wadi Qnai und Southern Oasis

Hotel Ganet Sinai Village

Die ortsansässigen Beduinen
aber haben es verstanden, das
touristische Potential dieses Gebietes bereits seit der israelischen Besatzung geschickt aus-
zuschöpfen, indem sie eine Vielzahl von Campingplätzen, kleinen
Restaurants, mittelmäßigen
Hotels, Bars und Nachtlokalen
längs der Bucht einrichteten.
Eine dichte, bunte Menschen-
schar frequentiert Assalah, das
sich von einem kleinen Beduinendorf in eine Art alternatives
Sharm el-Sheikh verwandelt hat.
Hier treffen sich Rucksacktouri-
sten, wie Weltenbummler, unge-
achtet der Flöhe, Läuse, Mikro-
ben- und Virussiedlungen, die
hier ihr ideales Verbreitungsge-
biet gefunden haben.

**91 oben**
*In der Bucht von
Ghazala bei Dahab
befindet sich das
Beduinendorf Assa-
lah mit kleinen
Hotels, Restaurants
und Campingplät-
zen.*

**91 Mitte links**
*Der schöne Strand
mit den hohen Pal-
men. Trotz der vie-
len Besucher ist er
noch nicht vollstän-
dig von den Bau-
werken und Touri-
sten eingenommen.*

**91 Mitte rechts**
*Das Dorf Assalah
ist eine der male-
rischsten Ortschaf-
ten der Ostküste
des Sinai und Ziel
vieler Touristen, die
auf der Suche nach
ursprünglichen Lo-
kalkolorit sind.*

**91 unten**
*Am Strand warten
die Beduinen mit
ihren Kamelen auf
Touristen.*

## WADI QNAI EL-RAYAN
*Rundfahrt*

Die Entfernung zwischen dem Sharira-Paß und der Piste, die entlang des Wadi Qnai el-Rayan („das bewässernde Wadi") verläuft, beträgt ca. 7,4 km. Die Piste ist gut gekennzeichnet, zweigt rechts von der asphaltierten Straße ab und verschwindet sofort zwischen den Felswänden. Links kann man einen Basaltgang sehen, der die helle Granitwand über die ganze Höhe durchschneidet. Das Wadi ist von einiger Vegetation überzogen, und es gibt zahlreiche Akazien.

Die Piste kann über 2,5 km mit dem Jeep befahren werden, dann endet sie, aber man kann zu Fuß über einen gut gekennzeichneten Pfad weitergehen, der vom Vieh benutzt wird.

## WADI QNAI EL-ATSHAN
*Rundfahrt*

Die Piste des Wadi Qnai el-Atshan („Der Durstige") verläuft rechts von der asphaltierten Straße, ca. 8,7 km vom Sharira-Paß entfernt. Ein weiterer Orientierungspunkt ist eine Art beduinisches Kaffeehaus, ein Betonbau 700 m links von der Piste, die rechts von der Straße abzweigt. Die Piste erreicht nach 8,5 km die Küste. Es wird empfohlen, diese Rundfahrt mit einem Geländewagen zu machen, denn es müssen einige Sandlöcher überwunden werden. Anfangs durchschneidet die Straße eine Ebene, die von runden Hügeln umgeben ist. Dann verengt das Wadi sich allmählich, und man gelangt an eine Stelle, wo die Felswände einen Canyon bilden, bevor sie sich in der Nähe des Meeres wieder öffnen. Hier verlieren sich die Spuren

**92**
*Das Wadi Qnai el-Atshan ist in seinem oberen Teil sehr vegetationsreich.*

Man hat hier die Gelegenheit, einen nicht zu anspruchsvollen Ausflug zu unternehmen.

Der Jeep kann in Richtung von Dahab auf die Asphaltstraße zurückkehren, die Küstenpiste erreichen und die Ausflügler am Ausgang des Wadi erwarten, denn sowohl das Wadi Qnai el-Rayan als auch das Wadi Qnai el-Atshan münden an der Küste.

der Jeeps, das Gelände weist jedoch keine Probleme auf. In Richtung der Küste trifft man auf eine Piste, die links nach Dahab führt. An dieser Piste schießen zur Zeit Hotelkomplexe aus dem Boden. Links kann man ein Arbeiterhaus sehen, das ganz mit Bierflaschen verkleidet ist. Die Piste verwandelt sich nun in eine Asphaltstraße, und rechts erscheinen die ersten Häuser von Dahab.

**93 oben und Mitte**
*Das Wadi Qnai el-Atshan ist in seinem oberen Teil reich an Vegetation; überall wachsen große Senfbüsche.*

**93 unten**
*Während eine leicht zu befahrende Piste durch das Wadi Qnai el-Atshan führt, kann das unweit liegende Wadi Qnau el-Rayan nur zu Fuß oder mit dem Kamel erforscht werden. Die beiden Wadîs treffen sich an der Mündung ins Meer an der südlichen Küste von Dahab.*

# WADI CONNECTION –
# REST VALLEY MOUNTAIN

## Rundfahrt

Nur wenige Kilometer von Dahab entfernt, ist mitten in der Wüste in einem Wadi ein eigenartiges Lo- kal eröffnet worden, das eine Bar, ein Restaurant und sogar ein Kaffeehaus umfaßt und wo man notfalls auch übernachten kann. Zu diesem Rest Valley Mountain kann man nicht nur einen kurzen Ausflug mit dem Wagen machen (die Piste kann von allen Autos befahren werden), sondern es kann auch als Ausgangspunkt für weitere Ausflüge zu Fuß oder per Kamel in die Berge dienen, die sich ringsherum erheben.

3 km von der asphaltierten Straße entfernt, die von Sharm el-Sheikh nach Nuweiba führt, schlägt man die nach Dahab führende Weg- kreuzung ein und biegt dann in die gut ausgefahrene Piste rechts an der Straße, die ebenfalls nach Dahab führt und von einem Schild „Wadi Connection – Rest Valley Mountain" gekennzeichnet ist. Die auf dem Boden des Wadi Umm Misma verlaufende Piste steigt leicht an und verzweigt sich nach 4 km: Links läuft sie über etwa 3 km weiter in Rich- tung von Wadi Qnai el-Ashtan, während der rechte Zweig nach etwa einem Kilometer zu den Hütten der Raststätte führt, die auf einer weiten, von den Bergen umgebenen Esplanade liegt. Von hier gehen mehrere Pisten aus, von denen eine auf der lin- ken Seite direkt zur Straße von Sharm nach Nuweiba führt. Häu- fig ist sie aufgrund des Sandbo- dens schwierig zu befahren. Nach etwa 1 km biegt diese Piste nach einer Haarnadelkurve links ab und führt zu drei auf verschie- denen Niveaus liegenden Brun- nen. Hier tränken die Beduinen das ganze Jahr über ihre Tiere und benutzen das Wasser selbst. Ringsherum gedeiht eine üppige Vegetation, vorwiegend grüne Senfbüsche mit roten, längli- chen, prall mit Samen gefüllten Früchten.

Auf der Rückfahrt nach Dahab über dieselbe Piste des Wadi Umm Misma kann man eine Landschaft von überwältigender Schönheit genießen, in der die goldgelbe Farbe des Sandsteins im Kontrast zu dem tiefen Blau des Golfes von Akaba steht, der im Osten von der Gebirgskette der saudiarabischen Küste be- grenzt ist.

**95 Oben rechts**
Große Koloquinten-
büsche (Cytrus co-
locyntis), eine Bitter-
gurkenart mit run-
den, gelben Früchten,
die auch „Wüsten-
melonen" genannt
werden, findet man
häufig im Gebiet der
Wadi Connection.
Die Araber nennen
die Pflanze und ihre
Früchte, die Oran-
gen ähneln, handal
und verwenden sie
zur Darmreinigung.

**95 oben links**
Jenseits des „rest-
house", längs des
Wadi, das zu drei
Wasserlöchern führt,
wo die Beduinen
ihre Herden tränken,
kann man einen tie-
fen Spalt im Granit-
felsen an der Ostsei-
te des Wadi sehen.

**95 Mitte**
Eine spärliche
Buschvegetation
kennzeichnet die
Landschaft längs
der Piste, die zur
Wadi Connection
führt.

**95 unten**
Die Zubereitung des
ungesäuerten Brotes
(aesh) erfolgt in den
Beduinenlagern
noch nach traditio-
nellen Methoden.

## DAHAB – BLUE HOLE

### Rundfahrt

Kurz bevor man in Dahab einfährt, kann man links eine Straße sehen, die nach Norden führt und sich bei der Ortsausfahrt von Assalah in eine gut ausgefahrene Piste mit hartem Untergrund verwandelt. Man legt etwa 8 km an der Küste zurück und gelangt zu einem Tauchzentrum (Diving Center), neben dem sich ein Kaffeehaus mit Restaurant befindet. In der Nähe liegt die Tauchstelle „The Canyon" (siehe Tauchstellen). Die Piste zieht sich jenseits des Tauchzentrums über etwa 1 km weiter hin, ist dann

**96 oben**
*Das berühmte Blue Hole, eine der bekanntesten (und gefährlichsten) Tauchstellen des Sinai, befindet sich etwa 8 km von Dahab entfernt, von wo man es über den Landweg über eine von allen Fahrzeugen befahrbare Piste erreichen kann. Autos müssen jedoch etwa 1 km davor anhalten, denn ein Erdrutsch hat die Piste unterbrochen.*

allerdings aufgrund eines Erdrutsches gesperrt. Von hier muß man zu Fuß am Rand einer weiten Bucht entlanggehen. An der nördlichen Spitze befindet sich die vielleicht berühmteste Tauchstelle der gesamten Sinai-Halbinsel: das „Blue Hole", das blaue Loch, so genannt, weil das hellblaue Wasser der Korallenplattform an der Stelle eines tiefen, runden Kraters dunkelblau wird. An diesem Ort, den man mit dem Auto über die Piste von Nuweiba erreichen kann, fährt man in das Gebiet des Naturparks Ras Abu Galum ein.

**96 Mitte**
*Das Blue Hole ist fast vollständig von einem Korallenriff umgeben und zieht sich bis in eine Tiefe von etwa 80 m; in 62 m Tiefe ist es mit dem offenen Meer verbunden.*

**96 unten**
*Die mit Weichkorallen, Schwämmen und Korallen verschiedener Form und Farbe verzierten Riffwände bilden eine Landschaft von großer Schönheit.*

**97 links**
*Ein Seestern auf einem dünnen Gorgonienast. Das tiefe Rot bildet einen angenehmen Farbkontrast zur Umgebung.*

**97 oben**
*Während des Tages bleiben die Korallenpolypen geschlossen, nachts öffnen sie sich dagegen, um die Mikroorganismen zu fangen, die ihre Nahrung bilden.*

**97 rechts Mitte**
*Korallenbarsche (Cephalpolis miniata) und gefleckte Schnapper (Lutjanus monostigma) machen sich den Lebensraum am Korallenriff streitig.*

**97 rechts unten**
*Ein Anemonenfisch (Amphiprion bicinctus) zeigt seine typische orange Färbung mit zwei senkrechten, weißen Streifen.*

## Tauchstellen

In Dahab gibt es zahlreiche, interessante Stellen, wo es sich lohnt zu tauchen. Sie liegen an zwei Stellen: Die erste Gruppe befindet sich südlich des Holiday Village, die zweite im Norden. Alle diese Stellen kann man auf dem Landweg erreichen; es ist aber auch möglich, beim örtlichen Tauchzentrum ein Boot zu mieten.

**A** *Südliche Tauchstellen*

**1) Southern Oasis**
Diese Stelle befindet sich bei einer Palmengruppe am Strand, nur wenig südlich der Mündung des Wadi Qnai el-Atshan. Man gelangt auf dem Landweg über die nördlich des Holiday Village beginnende Piste am Meer entlang dort hin. Auf einem bis in eine Tiefe von 40 m reichenden, sandigen Meeresboden erheben sich zahlreiche Korallentürme.

**2) The Caves**
Nur wenig südlicher als Southern Oasis befindet sich diese Stelle in einer Bucht. Sie ist durch einen Steinhaufen gekennzeichnet.

NUWEIBA

Unterbrechung der Piste

*Ras Abu Galum*

● The Blue Hole

● The Canyon

Tauchzentrum

*Wadi Dahab*

**ASSALAH**

● Eel Garden

*Wadi Connection*

● The Lighthouse

Entsalzungsanlage

**DAHAB**

● The Island
● Napoleon Reef

*Wadi Qnai el-Atsham*

The Lagoon

● Southern Oasis
Check Point

*Wadi Qnai el-Rayan*

● The Caves

SHARM EL-SHEIKH

**98**
*Kurz vor dem Blue Hole befindet sich eine weitere, ebenfalls beliebte Tauchstelle: der Canyon. Eine Tauchbasis und ein Kaffeehaus sind in unmittelbarer Nähe.*

**B** *Nördliche Tauchstellen*

1) The Lighthouse
In der Nähe des Leuchtturms von Dahab (im nördlichen Teil der Bucht von Assalah) kann der Taucher eine Korallenmauer bewundern, die bis in eine Tiefe von 25 - 30 m reicht.

2) Eel Garden
Der Aalgarten liegt bei der nördlichsten Palmengruppe des Dorfes Assalah – jenseits des Leuchtturms, der die Position der oben beschriebenen Stelle kennzeichnet. Es handelt sich um ein nicht sehr tiefes Felsenriff, an dem man zahlreiche kleine Aale sehen kann.

3) The Canyon
Zu dieser Stelle, die als eine der interessantesten an der Küste zwischen Sharm und Nuweiba gilt, gelangt man über die zum Blue Hole führende Piste (siehe Rundfahrt Dahab – Blue Hole). Hier bildet das Felsenriff eine weite Lagune, die von einigen Kanälen durchzogen wird; nachdem man den rechten Kanal durchfahren hat und nach außen gelangt ist, begibt man sich etwa 20 m in nördliche Richtung.
Dort sieht man einen vom Meeresboden aufsteigenden Grat und dahinter eine Spalte, die bis in eine Tiefe von 49 m reicht; die Erforschung wird nur erfahrenen Tauchern geraten.

4) The Blue Hole
Das Blue Hole – etwa 2 km nördlich von The Canyon – ist vermutlich die bekannteste (und gefährlichste) Tauchstelle der Sinaiküste des Golfes von Akaba. Es handelt sich um einen Krater im Korallenriff, der bis in eine Tiefe von 80 m reicht und durch einen weiten Bogen in 60 m Tiefe mit dem offenen Meer verbunden ist. Seine Erforschung ist erfahrenen Tauchern vorbehalten. Interessant sind aber auch die Ränder, wo die Lagune nicht tiefer als 1,50 m ist und die vielgeartete Fauna des Riffs beobachtet werden kann.

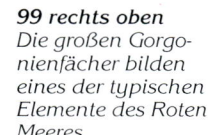

**99 rechts oben**
*Die großen Gorgonienfächer bilden eines der typischen Elemente des Roten Meeres.*

**99 rechts unten**
*Ein Schwarm von Großaugen-Soldatenfischen (Myripristis murdjan) färbt die Gewässer rot. Diese vorwiegend nachtaktive Fischart steht tagsüber am Riff vor den Höhleneingängen, wo sie bei Gefahr Zuflucht sucht.*

**99 links oben**
*Auch hier ist das Korallenriff sehr reich an für das Rote Meer typischer Flora und Fauna.*

**99 links unten**
*Ein Falterfisch (Heniochus diphreutes) im Vordergrund und ein Masken-Falterfisch (Chaetodon semilarvatus) im blauen, durchsichtigen Wasser.*

# DAHAB – NUWEIBA – TABA

Jenseits der Kreuzung mit der Straße, die nach Dahab führt, beginnt nach 1,5 km rechts die Piste zum Naturpark Ras Abu Galum (siehe Rundfahrt); nach 38 km gelangt man an eine Abzweigung, wo die herrliche Straße zum Katharinenkloster in 85 km Entfernung führt. 45 km von Dahab entfernt überquert man einen zweiten Paß, und nach einer Aussichtsstelle führt die Straße hinunter in östliche Richtung. Bevor man zu einer Gruppe großer Tanks gelangt, kann man die Mündung des Wadi Saada und den Anfang der Piste nach Ain Khudra sehen (siehe Rundfahrt), während die Asphaltstraße weiter zur großen Bucht vor

**ISRAEL**

**JORDANIEN**

EILAT

North Beach

Dolphin reef

**AQABA**

Gruben

Japanese Gardens

**TABA**

*Gezira el-Faraun (oder Coral Island)*

*Fjord*

*Sun Pool*

*Marsa el-Muqabila*

Sally Land Tourist Village

Club Aquasun

*Ras Burka*

Basata

Bawaki Hotel

Dolphin Beach Hotel

*Devil's Head*

**SAUDI-ARABIEN**

AHMED-HAMDI-TUNNEL

*Wadi Watir*

KATHARINENKLOSTER

**NUWEIBA EL-TARABIN**

**NUWEIBA MUZEINA**

*101 oben*
*Nuweiba wird von zwei Stadtzentren gebildet: Nuweiba Muzeina im Süden und Nuweiba el-Tarabin im Norden. In Nuweiba Muzeina befinden sich die Hafenanlagen (eine Fähre verbindet diesen Hafen täglich mit Jordanien) und einige Feriendörfer. In der Umgebung von Nuweiba el-Tarabin leben die Beduinen des Stammes der Tarabin, nach denen die Region auch benannt wurde.*

*101 Mitte*
*Das Vorgebirge von Taba, das von dem mächtigen Hotel Hilton eingenommen wird, trennt heute das ägyptische Sinaigebiet vom israelischen Hoheitsgebiet; seit 1989 verläuft hier die Grenze zwischen den beiden Ländern.*

*101 unten*
*Sun Pool ist ein kleines, geschlossenes Salzwasserbecken. Es ist durch eine Sandzunge vom Meer getrennt und liegt etwa 1 km südlich von der tiefen Bucht, die „Fjord des Saladin" genannt wird.*

**TABA**

**Festung El-Tarabin**

**NUWEIBA EL-TARABIN**

Moschee
**Ladenzentrum**
City Beach Village
Nuweiba Holiday Village
Nuweiba Holiday Camp
Morgana Restaurant
El-Waha Village
Palmengarten

Krankenhaus
Benzin
Geschäfte
Ofen

Leuchtfeuer
Check-Point

Wasit
Entsalzungsanlage

*Wadi Watir*

**AHMED-HAMDI-TUNNEL**

Wiederholer

Benzin
*Wadi el-Masak*

*Wadi Saada*

Reservoir
Altrömische Säule

Industriezentrum
Hilton Hotel
Barracuda Hotel
Hafen
Touristenpolizei
Sayaddin Touristic Village

**NUWEIBA MUZEINA**
(oder Nuweiba el-Sayaddin)

**DAHAB**

**Ras Abu Galum**

Nuweiba führt. An der Abzweigung zur Oase Nuweiba-Muzeina, wo sich die große Touristenanlage Sayaddin Beach Hotel und etwas weiter nördlich der Hafen befinden, biegt die Straße in nördlicher Richtung ab. Hier gelangt man schließlich nach 2 km zu einer Tankstelle, während sich rechts die Straße zum Hafen von Nuweiba befindet; nach 3 km trifft man links auf die asphaltierte Straße, die über das Wadi Watir zum Ahmed-Hamdi-Tunnel führt (siehe Rundfahrt). Nach weiteren 3 km (70 km von Dahab entfernt) folgt eine zweite Tankstelle an einer Straßenabzweigung, die in Richtung der Küste in die Stadtmitte von Nuweiba und zum Nuweiba Holiday Village führt. Die nördlich nach Taba führende Straße steigt an, und rechts gelangt man an eine Abzweigung zum Beduinendorf und zur Festung von Tarabin. Nach 12 km erreicht man die Tauchstelle Devil's Head, die durch einen großen Felsen gekennzeichnet ist, nach weiteren 4 km das Dolphin Beach Hotel und danach (2 km) das Bawaki Hotel. Man läßt Ras el-Burga, wo sich der Campingplatz von Basata (93 km von Dahab), der Aquasun-Club und die kleine Oase mit dem Sally Land Tourist Village (98 km von Dahab) befinden, hinter sich liegen und gelangt schließlich zur Tauchstelle von Marsa el-Muqabila (113 km von Dahab). Jenseits dieser Stelle entfernt sich die Straße über eine Strecke von 6 km von der Küste, der sie sich bei zwei reizvollen Orten aber wieder nähert: dem Sun Pool und dem Fjord (119 km von Dahab).
Nach weiteren 5 km erreicht man Pharao's Island (auch Gezira el-

Faraun oder Coral Island genannt), eine Insel, die durch einen Fährdienst mit dem Festland verbunden ist.
Jenseits von Pharao's Island legt man 5 km zurück, um nach Taba zu gelangen, wo sich die israelische Grenze befindet (133 km von Dahab).

**102 oben rechts**
Diese tief einge-
schnittene Bucht
mit türkisfarbenem
Wasser wird „Fjord"
genannt und ist
eine der schönsten
Stellen an der Kü-
ste zwischen Nu-
weiba und Taba;
sie liegt einige Kilo-
meter von der be-
rühmten Pharaonen-
insel entfernt.

**102 oben links**
In Nuweiba el-Tara-
bin befindet sich
eine eindrucksvolle
Festung, die im
16. Jahrhundert
vom Sultan der
Mamelucken,
Ashraf el-Ghuri,
erbaut wurde, um
die Karawanen und
gleichzeitig das Ge-
biet vor eventuellen
Überfällen zu schüt-
zen. Sie wurde später
im 18. Jahrhundert
unter osmanischer
Herrschaft neu aufge-
baut, denn man woll-
te die Schiffahrt auf
dem Roten Meer
sichern.

**102 Mitte links**
In der Festung be-
findet sich ein Brun-
nen, der häufig von
den hier lebenden
Beduinen benutzt
wird, um ihre Tiere
zu tränken.

**102 Mitte rechts**
Die Burg von Coral
Island wurde von
den Kreuzrittern ge-
gen Anfang des 12.
Jahrhunderts auf
den Resten einer by-
zantinischen Nieder-
lassung erbaut und
später vom Sultan
Salah ed-Din ver-
größert, der sich
1182 der Insel
bemächtigte.

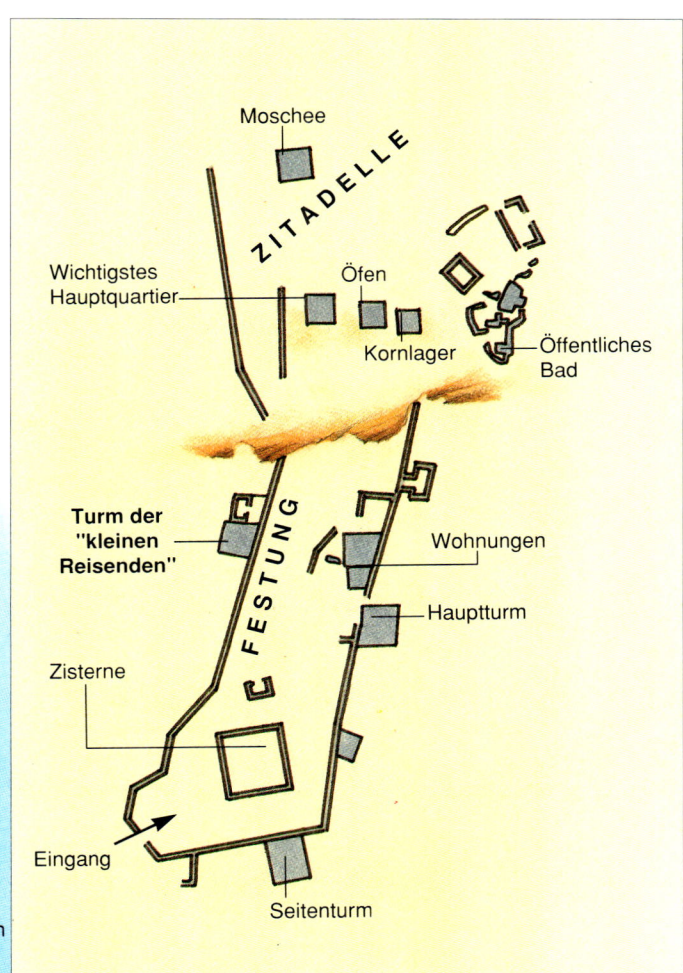

ZITADELLE

Moschee

Wichtigstes
Hauptquartier

Öfen

Kornlager

Öffentliches
Bad

**Turm der
"kleinen
Reisenden"**

FESTUNG

Wohnungen

Hauptturm

Zisterne

Eingang

Seitenturm

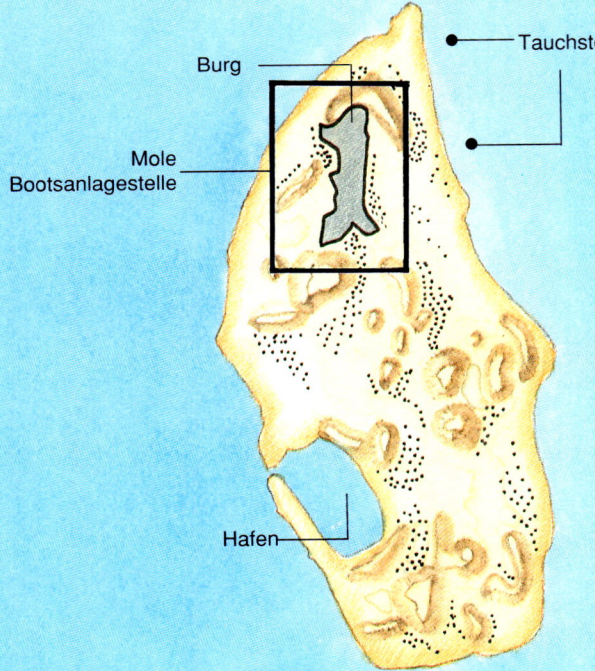

Tauchstellen

Burg

Mole
Bootsanlagestelle

Hafen

## DIE
## PHARAONENINSEL

**102 unten links**
*Die Pharaoneninsel,
Geziret Faraun,
liegt nur wenige
hundert Meter von
der Küste entfernt
und entspricht dem
alten phönizischen
Hafen Eziongaber,
der vom König Hy-
ram von Tyros im
10. Jahrhundert v.*

*Chr. gegründet
wurde.
Die aufgrund der
zahlreichen Koral-
lenformationen an
der nordöstlichen
Küste auch Coral
Island genannte
Insel wird von
einer mächtigen
Burg beherrscht.*

## DAHAB – NUWEIBA – KATHARINENKLOSTER

38 km von Dahab entfernt beginnt die gut asphaltierte Straße, die zum Katharinenkloster führt. Der erste, aufsteigende Teil der Strecke führt zu einem Paß, von dem aus man nach einer engen Kurve einen schönen Ausblick auf das Wadi Ghazala hat. Am Paß führt die Straße hinunter, und man gelangt links zu einem beduinischen Kaffeehaus und rechts an den Anfang der zur Oase Ain Khudra führenden Piste (siehe Rundfahrt). Nach einem doppelten Checkpoint der MFO und der ägyptischen Armee, 8 km vom Paß entfernt, kann man in einer Entfernung von etwa 1 km rechts einen großen, allein stehenden Felsen sehen, auf dem nabatäische, griechisch-römische sowie byzantinische Inschriften und Schriften aus der Zeit der Kreuzzüge zu sehen sind; er wird „Felsen der Inschriften" bzw. auf arabisch „haggar maktub, „beschriebener Stein", genannt. Eine gut zu befahrende

**104**
*Eine asphaltierte Straße zieht sich durch schöne Landschaften, die von den Felsenformationen aus Kalk- und Sandstein beherrscht werden. Die Felsen färben sich täglich während des Sonnenaufgangs und -untergangs golden.*

KATHERINENKLOSTER

Djebel Umm Ri

Djebel Nughaimish

Wadi Nasb

Wadi el-Gha'ib

Wadi Nasb

Djebel Feirani

DJEBEL KATHERINA

WADI KID

Leuchtfeuer

NUWEIBA

NUWEIBA

NUWEIBA

Piste führt in kurzer Zeit dorthin. Jenseits des Felsens, den man links liegen läßt, gelangt man nach etwa 700 m zu einem Sandsteinausstrich, der die Hochebene einfaßt.

Von der Spitze dieser Felsen hat man einen Ausblick auf das Wadi Khudra und auf die hinreißende Oase von Ain Khudra, die man von hier aus zu Fuß in etwa zweieinhalb Stunden erreichen kann. Nachdem man auf die asphaltierte Straße zurückgekehrt ist, bemerkt man nach etwa 500 m links eine weitere Piste, die zunächst zu einem zweiten einzelnen Felsen führt, der dem oben beschriebenen morphologisch sehr ähnlich und ebenfalls von unzähligen Felsenzeichnungen überzogen ist. Viele stellen Tiere dar, die in vorgeschichtlicher Zeit im Sinai lebten. 4 km weiter erreicht man dann jenseits einer kleinen Beduinenniederlassung den interessanten Komplex von Nawarmis; man läßt den Geländewagen stehen und geht zu Fuß einige Minuten lang bis zu der Anlage. Mit dem Wort nawarmis, „Fliegen", bezeichnen die Beduinen diese im mittleren Sinai typischen, vorgeschichtlichen Gräber.

Es handelt sich um Rundbauten aus Steinen, die ohne Mörtel zusammengefügt sind und eine nach Westen ausgerichtete Tür haben. Man kehrt auf die Straße zurück und setzt den Weg zum Katharinenkloster fort.

**105 oben**
*Die Straße durchquert das große, sandige Wadi Ghazala oder „Tal der Gazellen", das seinen Namen diesen typischen Wüstenbewohnern verdankt.*

**105 Mitte**
*Die Straße von Nuweiba zum Katharinenkloster führt an diesem einsamen Felsblock vorbei, der „Felsen der Inschriften" genannt wird und von vielen Ritzzeichnungen aus nabatäischer, römischer und byzantinischer Zeit überzogen ist.*

**105 unten**
*Einige Kilometer westlich vom „Felsen der Inschriften" befinden sich einige herrliche, perfekt erhaltene Exemplare von Nawarmis. Die Nawarmis, wörtlich „Fliegen", sind Gräber aus mörtellos zusammengefügten Steinen, die allesamt nach Westen ausgerichtet sind und bis zur Bronzezeit zurückgehen.*

**106 oben**

Jenseits des „Felsens der Inschriften" führt die Piste zu einer Aussichtsstelle, die „Observation Point" genannt wird. Von hier kann man das Wadi Khudra, das fast parallel zum dem größeren Wadi Ghazala verläuft, und die Oase Ain Khudra sehen. Ein zu Fuß begehbarer Weg führt in etwa zwei Stunden an die Oase.

**106 Mitte**

Die Piste, die zum „Observation Point" führt und an der Asphaltstraße beginnt, die Nuweiba mit dem Katharinenkloster verbindet, wird immer häufiger von Touristen befahren.

**106 unten**

Das Wadi Watir zieht sich von der Küste in das Herz des Sinai hinein und verbindet das Gebiet von Nuweiba mit der Stadt Nakhl auf der zentralen Hochebene. Im östlichen Teil weist das Wadi Watir – hier sehr wasserreich – einige sehr schöne Stellen auf und ist mit zahlreichen Palmen geschmückt, die an den Seiten der Straße aufragen. Beim Wadi Watir beginnen drei Pisten, über die man den Bunten Canyon, die Oase Ain Khudra und die Oase Ain Umm Ahmed erreichen kann.

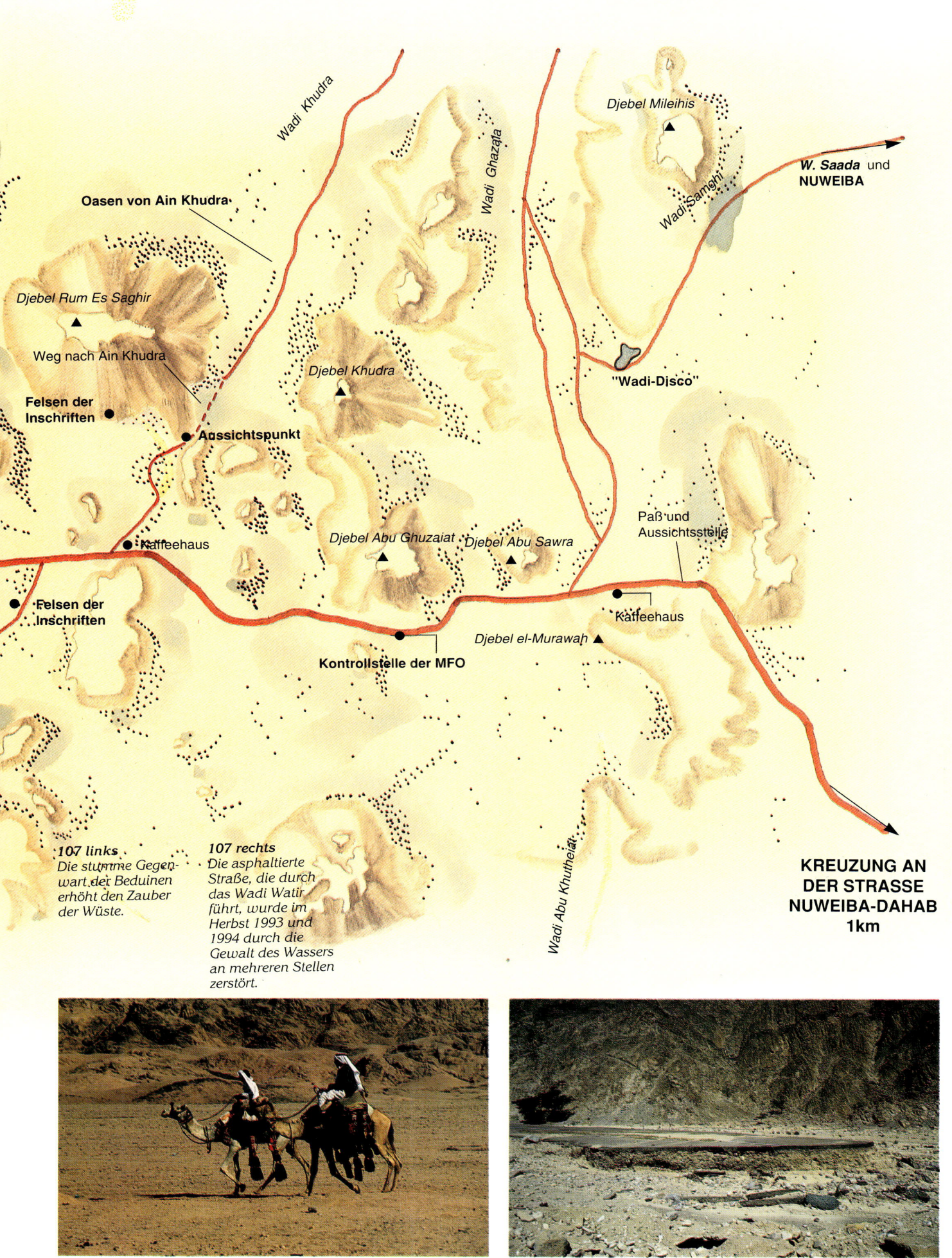

Wadi Khudra

Wadi Ghazala

*Djebel Mileihis*
▲

Wadi Samghi

**W. Saada** und
**NUWEIBA**

**Oasen von Ain Khudra**

*Djebel Rum Es Saghir*
▲

Weg nach Ain Khudra

*Djebel Khudra*
▲

**Felsen der
Inschriften** ●

**"Wadi-Disco"**

● **Aussichtspunkt**

**Paß und
Aussichtsstelle**

● **Kaffeehaus**

*Djebel Abu Ghuzaiat*
▲   *Djebel Abu Sawra*
▲

● **Felsen der
Inschriften**

● **Kaffeehaus**

**Kontrollstelle der MFO**

*Djebel el-Murawah* ▲

Wadi Abu Khutheiat

**107 links**
Die stumme Gegen-
wart der Beduinen
erhöht den Zauber
der Wüste.

**107 rechts**
Die asphaltierte
Straße, die durch
das Wadi Watir
führt, wurde im
Herbst 1993 und
1994 durch die
Gewalt des Wassers
an mehreren Stellen
zerstört.

**KREUZUNG AN
DER STRASSE
NUWEIBA-DAHAB
1km**

## NATURPARK ABU GALUM

Auch der Naturpark Abu Galum ist, wie der von Nabq, Teil eines Schutzprogrammes, das von den Behörden des Nationalreservats Ras Mohammed ausgearbeitet wurde. Es handelt sich hier um ein völlig wildes Gebiet, denn einerseits liegt es fern von den traditionellen Touristenrouten, und andererseits befindet es sich an einer strategisch und somit militärisch wichtigen Stelle. Leider wurde erst vor kurzem die Bedeutung des Gebietes von Abu Galum für die Erhaltung des Umweltgleichgewichtes und auch für die Beduinenvölker erkannt, deren Wirtschaft fast vollständig auf Fischerei aufbaut. Die frühere Gleichgültigkeit gegenüber Umweltfragen hat an vielen Stränden zur Ansammlung von Abfall jeder Art geführt, der sowohl aus den häufigen Flutwellen als auch von den Beduinen sowie den durch die Meerenge von Akaba fahrenden Schiffen stammt. Daher mobilisieren sich die für den Park zuständigen Behörden allmählich, um diese unhaltbare Situation zu beenden.

*108*
*An der Küste von Ras Abu Galum zieht sich eine Piste entlang, die nördlich nach Nuweiba und südlich nach Dahab zur Bucht des Blue Hole führt.*

Map labels:

NUWEIBA MUZEINA

Hafen

*Djebel Maqnas*

MFO-Tonne

*Djebel Ummgerio*

KATHARINENKLOSTER

*Wadi Rasasa*

Piste nach Nuweiba

Beduinendorf und Zisternen

DAHAB

*Djebel Fergh*

*Djebel Sukhn*

Piste nach Nuweiba

*Djebel Mikeimin*

Schluchten des Wadi Rasasa

*Wadi Hodba*

*Djebel Rasasa*

El-Qardud

Fischerhütten

*Ras Abu Galum*

Pfade zum Blue Hole

## Rundfahrt

Die nach Abu Galum führende Piste befindet sich 10,5 km von der Kreuzung der Straße zum Katharinenkloster und der von Dahab nach Nuweiba weiterführenden Straße entfernt. Sie ist rechts durch einen asphaltierten Abschnitt und durch eine weiß-orange gestrichene Tonne gekennzeichnet und verläuft über mehr als 30 km parallel zum Meer. Die gut ausgefahrene Piste ist stark von Kleintransportern der Beduinen und Fahrzeugen der multinationalen Friedenskräfte befahren, die hier einen Stützpunkt haben. 6 km nach Anfang der Piste gelangt man zu einem Beduinendorf mit Häusern aus Mauerwerk und einigen Wasserzisternen. Einige Häuser sind dicht an den Felsen gebaut, und die Umzäunungen der Gärten schließen von der Witterung merkwürdig geformte Monolithen ein. Es handelt sich um ein reiches Dorf: Dank der großen Reservoire ist der Wasserbedarf für das ganze Jahr gesichert. Frauen und Kinder widmen sich dem Vieh und zum Teil auch der Landwirtschaft, die Männer begeben sich an die Küste, um zu fischen. Etwa 16 km vom Dorf entfernt, erhebt sich links auf dem Djebel Sukhn die Antenne der Beobachter der MFO. Die Piste ist hier sehr steil und ziemlich schwierig zu befahren, bevor man zu einem Paß kommt und längs der leicht abschüssigen Fahrbahn zum Meer fährt. Nach einem offenen und sandigen Abschnitt verläuft sie entschieden in östlicher Richtung (etwa 27 km vom Anfang der Piste entfernt), wo sie sich durch Schluchten und tiefe Canyons hinzieht. Die Landschaft ist gleichzeitig schroff und doch bezaubernd, und jede Kurve scheint das Ziel verstecken zu wollen, um den Reisenden mit den Mustern und Farben der Felsen zu überraschen. Das Wadi öffnet sich plötzlich mit einem von Geröll und Steinen gebildeten Fluß auf das Meer. Es sind nur wenige hundert Meter bis zur Piste, die am Meer entlang verläuft und im Süden, nach 6 km, in einer herrlichen, kleinen Bucht endet, die zum Zelten einlädt, während sie sich im Norden noch über 40 km bis zu dem Städtchen Nuweiba hinzieht. Längs der Küstenstraße trifft man auf zwei Straßensperren der ägyptischen Armee, wo man die Reisepässe vorzeigen muß.

Im Winter wird dieses Gebiet von heftigen Überschwemmungen heimgesucht, die die Pisten aushöhlen oder unterbrechen können. Hat es vor kurzem geregnet, sollte man vor Antritt der Fahrt Informationen bei den Parkbehörden einholen.

*109 oben*
*Das eindrucksvolle Wadi Rasasa verläuft in West-Ost-Richtung zur Küste südlich von Nuweiba, in der Nähe von Ras Abu Galum. Eine gut gezogene Piste zieht sich auf dem Boden des Wadi bis zum Meer hin.*

*109 Mitte*
*Die herrliche Küste bei Ras Abu Galum wurde zum Schutzgebiet erklärt und an den Nationalpark Ras Mohammed angeschlossen. Das gesamte Gebiet ist kaum vom Tourismus entdeckt und unterliegt glücklicherweise strengen Vorschriften für den Schutz der unberührten Natur.*

*109 unten*
*Im Gebiet von Ras Abu Galum leben einige Beduinengruppen, die sich der Fischerei und der Anlage kleiner Gärten widmen.*

**110 oben**
Das Wadi Rasasa ist ein wildes Tal, das in west-östlicher Richtung zum Meer hin verläuft und unweit von Ras Abu Galum entfernt.

**110 Mitte**
Ein Beduinendorf mit Steinhäusern wird von der vom Wadi Rasasa kommenden Piste durchquert.
Einige Steinbecken sammeln das Regenwasser für die Bewässerung der Gärten.

**110 unten**
In der Nähe des Dorfs kann man noch einige Zelte sehen. Doch die immer stärker werdende Tendenz der Beduinen zur Seßhaftigkeit läßt diese typischen Behausungen des Wüstenvolkes verschwinden. Sie sind in dieser Region nur noch ein Vorführstück für Touristen.

**111 links oben**
Eine Begegnung
mit den hoch auf
Kamelrücken reiten-
den Beduinen ist
immer ein aufregen-
des Ereignis.

**111 Mitte rechts**
Eine Passage längs
der an der Küste
verlaufenden Piste
verbindet Ras Abu
Galum mit Nuweiba.

**111 Mitte links**
Ras Abu Galum ist
ein fischreiches Ge-
biet, in dem die ört-
lichen Fischer zu
bestimmen Jahres-
zeiten am Strand
Hütten bauen, die
sie mit Palmwedeln
bedecken; von hier
brechen sie mit klei-
nen Booten zu ihren
Fischzügen auf.

**111 unten**
Die Küste des Golfes
von Akaba ist im
Norden von Dahab
durch einen engen
Küstenstreifen und
hohe Berge gekenn-
zeichnet.
Ein von Wadis ge-
bildetes Netz durch-
schneidet die Erhe-
bungen und mün-
det ins Rote Meer.

## NUWEIBA-PISTE – AIN KHUDRA (über Wadi Saada)

Bevor man zu den Reservoirs links an der Straße nach Nuweiba gelangt, beginnt mit leichter Steigung die Piste, die das Wadi Saada hinauf und zu der Oase Ain Khudra führt, zu der man auch über eine andere Piste von Ain Furtaga aus gelangen kann. Jenseits eines engen, gewundenen Canyons, der zwischen hohen Steilwänden verläuft, trifft man, etwa 10 km vom Beginn der Piste entfernt, auf einen Brunnen. Dann fährt man in das breite Wadi Samghi mit Sandboden ein, in dessen mittlerem Teil zahlreiche große Akazien wachsen, die von den Beduinen manchmal „Leimbäume" genannt werden; damit spielen sie auf die große Menge roten Harzes an, das diese Bäume absondern. Sodann nähert man sich dem Djebel Milehes, der rechts erscheint, und nach 24 km kann man eine schöne rosa Sandsteinformation bewundern. Ab hier wird der Sandstein zu einem typischen Element der Landschaft. Er zieht sowohl aufgrund seiner verschiedenen, durch Eisen- oder Manganoxyde verursachten Färbungen, als auch wegen seiner besonderen, von der Witterung bedingten Formen die Aufmerksamkeit an. Nach 29 km kennzeichnet ein riesiger Sandsteinfelsen an der Wand des Wadi einen großen Platz, wo die Beduinen nachts Feste mitten in der Wüste feiern – eine Art „natürliche Diskothek", die somit prompt von den Ortsansässigen „Wadi Disco" getauft wurde.

1 km hinter dieser Stelle trifft man auf das riesige Wadi Ghazala, in das man hineinfährt.

35 km vom Anfang der Piste muß man links bleiben und sich nach dem Kompaß orientieren (210°), um zu einer Aussichtsstelle zu gelangen (37 km vom Anfang), wo man eine herrliche Basaltbergkette bewundern kann.

Man setzt seinen Weg über den Sandboden des Wadi fort und gelangt schließlich zur kleinen,

aber herrlichen Oase Ain Khudra, 44 km vom Anfang der Piste entfernt. Die grünen Palmen der Oase bilden einen heftigen Kontrast zum Gelb und Rot des Sands und des Sandsteins, aus dem die Felsen dieses Gebietes vorwiegend bestehen.
Sie gehören wohl zu den schönsten des ganzen Sinai.
In Ain Khudra gibt es eine reine Wasserquelle und einen tiefen Brunnen, um den herum die kleine Beduinensiedlung angelegt wurde. Jenseits der Oase setzt man seinen Weg in westlicher Richtung durch das Wadi Ghazala fort. Nach 16 km gelangt man auf die asphaltierte Straße, die Nuweiba mit dem Katharinenkloster verbindet.

## NUWEIBA – WADI WATIR – AHMED-HAMDI-TUNNEL

An einer Abzweigung kurz nach dem südlichsten Ende von Nuweiba el-Tarabin weist ein Schild links auf die Straße hin, die nach 338 km durch einen großen Teil des Wadi Watir zum Tunnel durch den Suezkanal führt. Die Felswände dieses Wadi sind hoch und steil, von dunklen Adern durchzogen; in einer derart rauhen Landschaft überrascht der Anblick der schönen Oase Ain Furtaga, eines Palmenhains, der sich etwa 15 km von der Abzweigung an der asphaltierten Straße ausdehnt. Selbst im Hochsommer kann man hier verschiedene kleine Brunnen, Moos und tiefgrüne Pflanzen sehen. Von hier erreicht man auch den berühmten Bunten Canyon (siehe Wegbeschreibung).
Nach etwa 20 km über die Straße erreicht man die Piste, die nach Ain Umm Ahmen (siehe Wegbeschreibung) führt, eine der schönsten Oasen der Halbinsel Sinai.

*113 oben*
*Eine Tonne mit den Farben der ägyptischen Fahne kennzeichnet den Anfang der Piste, die vom Wadi Watir nach Ain Khudra führt.*

*113 Mitte*
*Die Oase Ain Khudra liegt an dem gleichnamigen Wadi; ihr typisches Element ist der große Wasserreichtum. Die Ränder bestehen aus Kalkmergel- und Sandsteinfelsen, die an einigen Stellen eine weiße Färbung annehmen.*

*113 unten*
*Der von der Witterung zerfressene Sandstein kennzeichnet diesen Abschnitt des Wadi Khudra, das von den Beduinen „Wadi Disco" genannt wird: Die Felsen bilden einen Schutzwall, in dem häufig Mahlzeiten und nächtliche Feste organisiert werden.*

113

# DER BUNTE CANYON

An der asphaltierten Straße, die von Nuweiba über Nakhl, 15 km nach der Abzweigung, zum Ahmed-Hamdi-Tunnel führt, kann man rechts eine Palmengruppe und einige Beduinenhütten sehen: Hier beginnt die Oase Ain Furtaga und rechts auch die Piste, die durch das Wadi Nekheil zum berühmten Bunten Canyon führt. Die Piste ist gut angezeigt, und man braucht für diese Rundfahrt nicht unbedingt einen Geländewagen, obwohl unter Umständen einige Unwägbarkeiten auftreten können.

## Rundfahrt

Nachdem man die leicht ansteigende Piste des Wadi Nekheil eingeschlagen hat, gelangt man nach 12 km an eine Abzweigung, wo man die linke Piste einschlagen und etwa 1 km weiter bis zu einer herrlichen Aussichtsstelle oberhalb eines großen Erosionstals fahren kann. Dort läßt man das Auto besser stehen und geht zu Fuß weiter. Von hier gelangt man über einen in den Hang geschlagenen, steilen Pfad bis zum Talboden hinunter, wo man seinen Weg rechts fortsetzt. Das Wadi wird allmählich enger und ist an einigen Stellen nur knapp einen Meter breit. Es bahnt sich seinen Weg zwischen zwei etwa 50 m hohen Sandsteinwänden. Das ist der berühmte Bunte Canyon, der seinen Namen aufgrund der außergewöhnlichen Färbung der Sandsteinwände erhalten hat, die von Weiß bis Gelb und zu allen roten Farbtönen reicht und an ähnliche Formationen bei Petra in Jordanien erinnert.

Der engste und eindrucksvollste Abschnitt des Canyons ist etwa 700 m lang und weist zwei Passagen auf, die mit etwas Übung (oder Hilfe) überwunden werden müssen. Jenseits des Engpasses erweitert sich der Canyon und geht in ein großes Wadi über, wo man rechts entlang zu einer Felswand mit einem steilen Weg gelangt, den man hinaufsteigen muß, um auf die Hochebene zurückzukehren. Hat man einen Wagen mit Fahrer, dann sollte man sich hier abholen lassen. Andernfalls muß man noch mindestens 2,5 km zu Fuß bis zum Ausgangspunkt zurückwandern.

*114*
*Die großartige Landschaft des Bunten Canyon wird von Mergel-, Kalkstein- und Sandsteinfelsen beherrscht, die dem Berg besonders warme Farbtöne verleihen.*

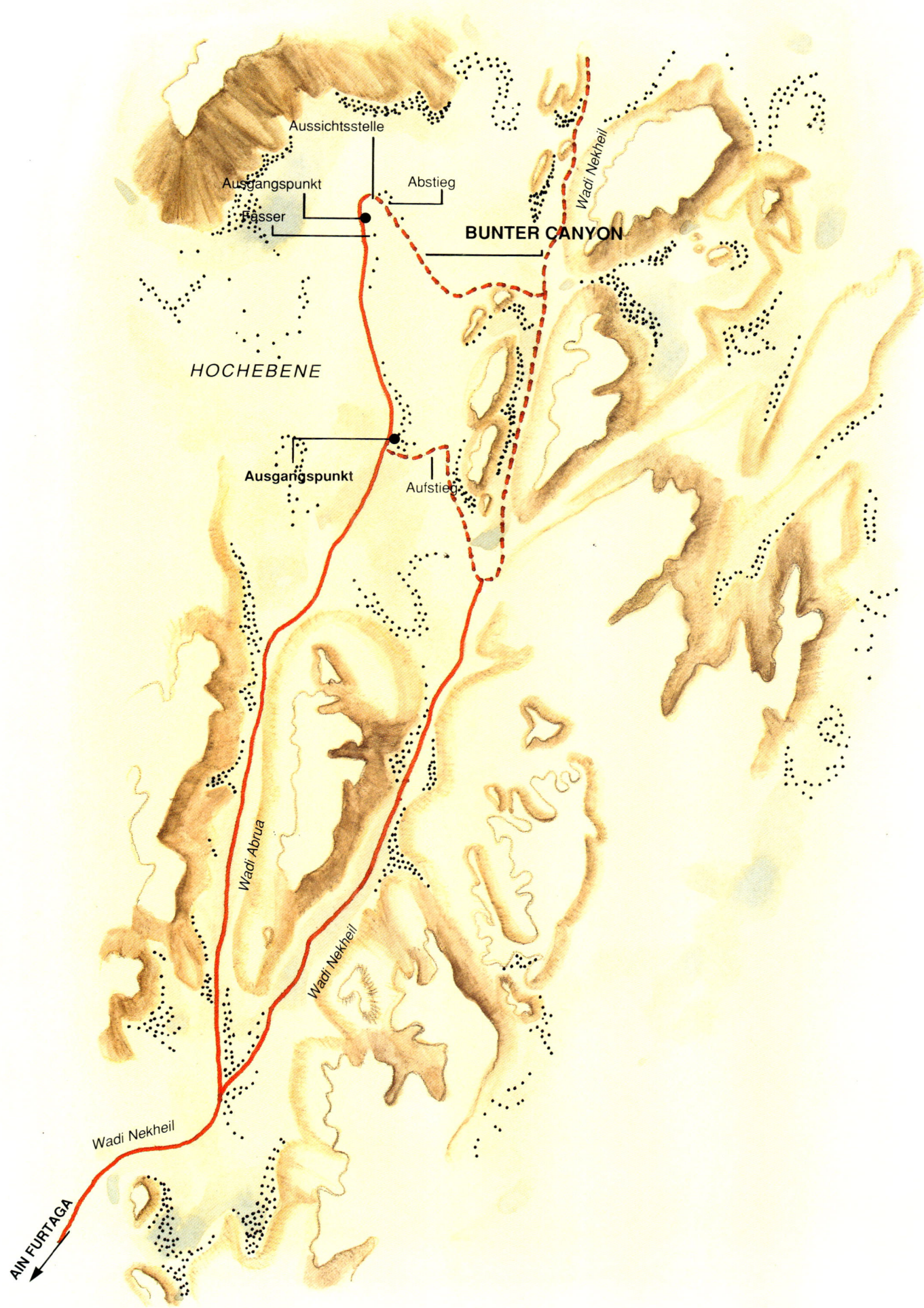

Aussichtsstelle

Ausgangspunkt

Abstieg

Fässer

**BUNTER CANYON**

Wadi Nekheil

*HOCHEBENE*

**Ausgangspunkt**

Aufstieg

Wadi Abrua

Wadi Nekheil

Wadi Nekheil

AIN FURTAGA

**116 links oben**
Der Bunte Canyon
wird bald immer
enger und verwan-
delt sich in einen
Schlauch, der an
einigen Stellen nur
wenig mehr als ein
Meter breit ist.

**116 links unten**
Die hohen Fels-
wände lassen einen
kleinen Flecken
Himmel erkennen.

**116 rechts**
Ein weiteres Bild,
das den unver-
gleichlichen Zauber
der Felswände des
Bunten Canyon ein-
zufangen versucht.
Die Natur hat hier
ein einzigartiges
Szenarium geschaf-
fen.

**117 links**
Der Bunte Canyon verdankt seinen Namen den vielen Farben des Sandsteins, durch den sich sein Wasser im Quartär einen Weg bahnte. Ähnliche geologische Formationen trifft man in der berühmten jordanischen Stadt Petra an.

**117 rechts oben**
Am Ausgang des Canyons, dessen Durchquerung an einigen Stellen recht schwierig ist, muß man vom Talboden wieder zur Hochebene hinaufsteigen; die Ankunftsstelle liegt einige Kilometer vom Ausgangspunkt der Wanderung entfernt; diesen Weg legen die Geländewagen zurück, während die Wanderer über den Pfad an der linken Seite des Bergs wieder aufsteigen.

**117 rechts unten**
Die hohen Felswände im engsten und spektakulärsten Abschnitt des Bunten Canyon grenzen einen schmalen Spalt ein, der an gewissen Stellen nicht breiter als 1,5 m ist.

## OASE AIN UMM AHMED

*118 oben*
*Viel weniger bekannt und besucht als die Oase Ain Khudra ist die Oase Ain Umm Ahmed, eine der schönsten des Sinai. Ein Bach fließt durch sie hindurch, und in der Nähe gedeihen Palmen und Akazien.*

*118 unten*
*Um nach Ain Umm Ahmed zu gelangen, muß man an der Oase Ain Furtaga im Wadi Watir vorbei.*

Ain Umm Ahmed gehört zu den weniger besuchten und zauberhaftesten Oasen des Sinai. Es handelt sich um einen großen Palmenhain, wo man hier und dort auf kleine Gemüse- oder Obstgärten stößt, die von einigen beduinischen Familien des unweit gelegenen Dorfes bebaut werden. Das Gebiet ist reich an Quellen; das Wasser tritt nach einem langen, unterirdischen Weg an die Oberfläche und wird von den Beduinen in zahlreichen Zisternen gesammelt, die halbversteckt zwischen den Palmen stehen. Ain Umm Ahmed („Quelle der Mutter des Ahmed") zieht sich über einige Entfernung in das Wadi el-Ain hinein; die Oase liegt etwas höher als das Wadi und ist somit bei Hochwasser, das in diesem Gebiet ziemlich häufig auftritt, dieser Gefahr nicht ausgesetzt.

### Rundfahrten

Jenseits der Oase Ain Furtaga fährt man 12 km weiter, an einem ägyptischen Kontrollposten vorbei, wo man sich mit dem Reisepaß ausweisen muß. Nach weiteren 6 km stößt man links auf die Piste zur Oase Ain Umm Ahmed.

Die Piste ist gut gekennzeichnet und leicht erkennbar, denn nur wenige Meter weiter befindet sich links ein Beduinendorf mit einigen Häusern im Schatten schöner Akazien. Die Piste steigt an und macht eine große Kurve nach links; kurz danach bahnt sie sich ihren Weg durch einen Engpaß inmitten großer Felsblöcke und führt dann ohne besondere Schwierigkeiten weiter. Wenige Kilometer weiter beginnt der schönste Teil des Ausflugs; die Felsen sind weiß und zerfallen zu Staub. Dann nehmen sie die verschiedensten Farben an, von Hellblau bis Ocker und Tiefrot: ein buntes Spiel unterschiedlichster Farbtöne in einer mondartigen Landschaft. Man beachte einige Kilometer links das majestätische Ras el-Qelb („Hundekopf"), einen etwa 1000 m hohen Berg. Die Piste verwandelt sich in eine Schotterstraße, die eine Zeitlang zwischen dem Berg und dem tiefen, tausendfarbigen Sandsteinbett eines ausgetrockneten Baches verläuft. Danach öffnet sich schließlich das sandige Wadi el-Ain mit Akazien, Palmen und von Stacheldraht geschützten Brunnen. Etwas weiter links, befinden sich die Gärten von Ain Umm Ahmed und rechts die Häuser ihrer Besitzer. Von Ain Umm Ahmed führt die Piste weiter am Wadi Lethi und schließlich an den Wadis Mikeimin und Khudra entlang bis nach Ain Khudra.

**119 oben**
Die Oase Ain Umm
Ahmed wird von ei-
nem kleinen Bach
durchquert, der sich
seinen Weg zwi-
schen den Kalk-
steinfelsen bahnt.

**119 unten**
Eine kleine, zwi-
schen den Felsen
verborgene Echse
beobachtet die Be-
wegungen der
Eindringlinge.

# ST. KATHERIN

Die Hochebene von St. Katherin erreicht man über zwei verschiedene Wege. Der erste beginnt an der Straße von Dahab nach Nuweiba, der zweite an der Straße entlang des Golfes von Suez und dann landeinwärts entlang des großen Wadi Faran. Die beiden Straßen treffen sich in der Nähe des Mausoleums Sheikh Nabi Salah, das nach einem sagenhaften Heiligen und Propheten benannt wurde, der von den Beduinen verehrt wird, jedoch keiner historisch nachgewiesenen Person entspricht und vermutlich eine Reminiszenz an biblische Traditionen ist.

Die asphaltierte Straße folgt von hier dem Wadi el-Sheikh, das in eine Hochebene mündet. Sie verläuft grob gerechnet, längs einer Nordost-Südwest-Achse und erweitert sich dann in der Nähe des Grabs des Scheichs Harun in der el-Raha („Ebene der Ruhe") genannten, dreieckigen Ebene, deren gelber Sand zur dunklen Farbe der sie umgebenden Granitberge einen schroffen Kontrast bildet. In dieser Ebene, die heute leider auf hoffnungslose Weise durch den Bau des St. Katherin Tourist Village verunstaltet ist, ließen sich die Israeliten nieder, und hier sahen sie zum ersten Mal den Heiligen Berg (vgl. Ex 19, 1-2). Gemäß der biblischen Überlieferung goß das jüdische Volk hier das goldenen Kalb, das vom Zorn Moses zermalmt wurde (vgl. Ex 32, 19-20). Am Südhang öffnen sich zwei parallel verlaufende Wadis: Wadi el-Deir und Wadi el-Lega.

An der westlichen Seite befindet sich die Melga-Ebene, wo beim Dorf der heiligen Katharina die asphaltierte Straße endet.

Das Wadi el-Deir („Tal des Klosters"), das auch Wadi Shoeib „Tal des Horeb", oder auch Wadi Jethro (Jethro war der Schwiegersohn Moses') genannt wird, beginnt an einer kleinen Erhebung, auf der sich das Mausoleum Sheikh Harun und die „Kapelle des goldenen Kalbs" befinden. In ihrem höchsten Teil liegt das Katharinenkloster. Das Wadi wird von vier Gebirgsgruppen begrenzt: Djebel el Deir, Djebel Moneiga, Djebel Musa und Ras Safsafa. Der Djebel el Deir, dessen östlichster

*120 oben*
*Ras Safsafa, der „Gipfel der Weiden", ist mit seinen drei Spitzen einer der charakteristischsten Berge des Gebietes um das Katharinenkloster. Eine Asphaltstraße führt durch das Wadi Deir und endet nur wenige hundert Meter vor dem Katharinenkloster.*

*120 Mitte*
*Die Ebene el-Raha – „Ebene der Ruhe" – befindet sich am Wadi el-Sheikh an der Mündung des Wadi el-Deir. Hier ließ sich das jüdische Volk der Sage nach nieder. Der alte Karawanenweg, der bis zum vergangenen Jahrhundert von Pilgern und Reisenden benutzt wurde, um das Kloster zu erreichen, durchquerte diese weitläufige, dreieckige Sandesplanade, die heute leider durch den Bau einer großen Touristensiedlung entstellt ist.*

*120 unten*
*Am Eingang des Wadi el-Deir, das zum Katharinenkloster führt, kann man auf der Spitze eines kleinen, einsam stehenden Hügels zwei Bauwerke erkennen das Mausoleum des Scheichs Arun und die Kapelle des Goldenen Kalbs, die in Erinnerung an das Idol errichtet wurde, das vom jüdischen Volk gegossen und verehrt wurde, als Moses auf dem Berg die Gesetzestafeln entgegennahm.*

Teil Djebel Megafa genannt wird, begrenzt das Wadi Deir im Norden. An seinen Hängen sind zwei Kapellen gebaut worden (im Osten und im Nordosten des Klosters), die dem heiligen Theodor gewidmet sind. Neben diesem Berg erhebt sich der Djebel Moneiga, der durch einen Gebirgssattel von der eindrucksvollen Masse des Djebel Musa getrennt ist. Am südwestlichen Hang des Wadi el-Deir befindet sich Ras Safsafa, der „Gipfel der Weide", oberhalb der Ebene von el-Raha und Melga. Auf dem höchsten seiner drei Gipfel steht ein Kreuz, das daran erinnert, daß Moses hier dem israelitischen Volk die Gesetzestafeln

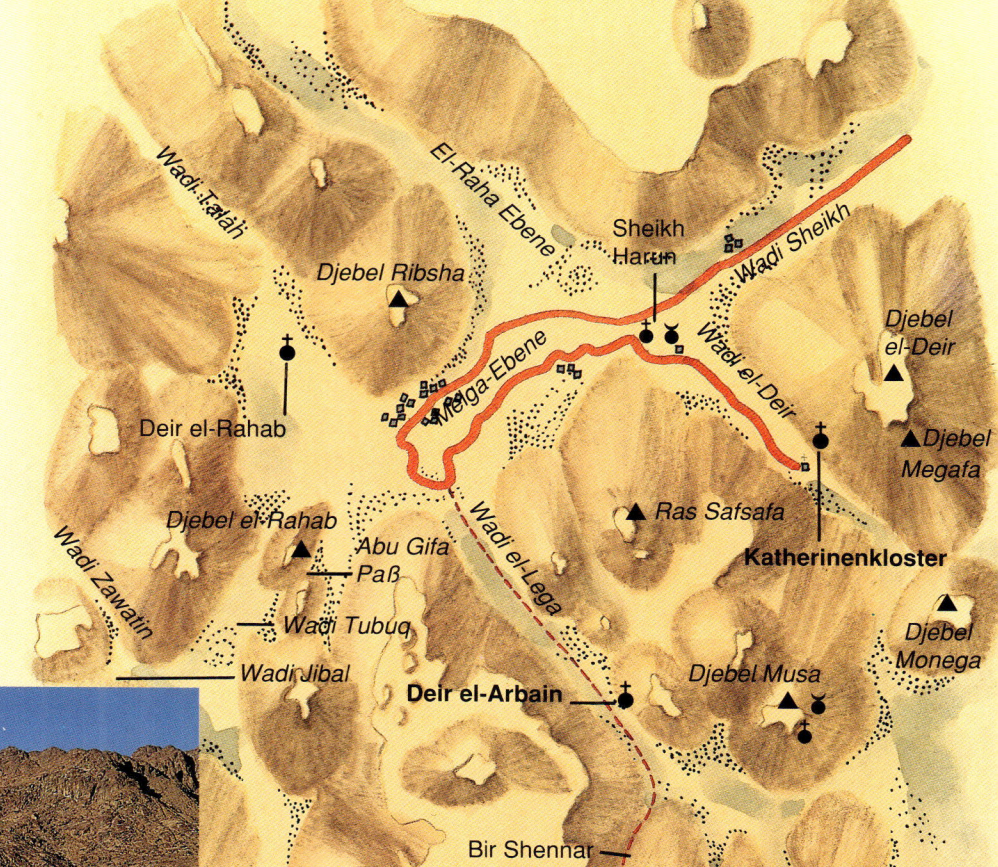

verkündet hat (vgl. Ex 34, 29-35). Das Wadi el-Lega öffnet sich auf die Ebene von Melga und ist vom Wadi el-Deir durch das Ras Safsafa getrennt. Hier beginnt der Weg, der nach Deir el Ribwa, dem „Kloster der zwölf Apostel", und Deir el-Arbein, dem „Kloster der vierzig Märtyrer" führt; der hier beginnende Weg führt zur Spitze des Djebel Katherin.

*121*

*Nur wenige Kilometer vom Katharinenkloster entfernt befindet sich an der Kreuzung Sheikh Nabi Sala mit der zum Wadi Faran führenden Straße ein kleiner Friedhof und das Mausoleum des Scheichs Nabi Sala, ein heiliger Mann und Prophet, der von den ansässigen Beduinen verehrt wird, obwohl seine Identität historisch kaum belegt ist: Vielleicht handelt es sich um einen Angehörigen des Beduinenstammes der Sawalha; oder die Figur ist eine „Verballhornung" des Moses, den die Beduinen aus biblischen Überlieferungen kannten.*

## PRAKTISCHE INFORMATIONEN

An der Kreuzung der von Faran kommenden Straße mit der, die Dahab und Nuweiba mit St. Katherin verbindet, befinden sich eine Tankstelle und die Raststätte Green Lodge, wo man eine rustikale, jedoch angenehme Unterkunft bekommen kann. Dies ist auch der ideale Ausgangspunkt für zahlreiche Ausflüge in das Gebiet: Besichtigung des Katharinenklosters, Aufstieg zum Djebel Musa und zum Djebel Katherin, in die Blaue Wüste. Man kann aber auch im Feriendorf St. Katherin in einem Bungalow eine Unterkunft mit mehr Komfort als im Green Lodge bekommen; die Atmosphäre ist jedoch längst nicht so ursprünglich. Auch in der Fremdenherberge des Klosters erhält man eine bescheidene, aber empfehlenswerte Unterkunft. Um Ausflüge zu organisieren, Kamele zu mieten und einen beduinischen Führer zu finden, muß man sich an die einzige spezialisierte „Agentur" wenden, Sheihk Musa Travel Mountain in St. Katherin. Bitte beachten Sie, daß die Einwohner die Ausflugsdauer immer auf übertriebene Weise zeitlich strecken wollen; legen Sie deshalb vorher genau fest, was Sie besichtigen wollen, und vereinbaren Sie den Preis und die Dauer des Ausflugs. Für den Aufstieg auf den Djebel Musa und die Besichtigung der Blauen Wüste ist kein Führer erforderlich.

# DAS KLOSTER

Das Katharinenkloster liegt in einem Tal am Fuß des Djebel Musa in einer Höhe von 1570 m; es wurde vom Kaiser Justinian zwischen 527 und 547 n. Chr. gegründet. Das Kloster ist von einem mächtigen Mauerwall aus justinianischer Zeit umgeben und wurde in späteren Jahren mehrmals vergrößert. Die Mauer hat entsprechend dem Geländeverlauf unterschiedliche Abmessungen; die Seitenlänge schwankt zwischen 74 und 84 m, die Höhe zwischen 9 und 15 m und die Mauern sind an manchen Stellen bis über 2 m dick.

Der Mauerabschnitt an der Nordseite, der Diwar Duawara oder „Mauer der Schlucht" genannt wird, wurde 1312 neu aufgebaut und im Auftrag Napoleons 1800 vom General Kléber restauriert, der außerdem einen Eckturm, einen quadratischen Turm und einen zentralen Wall mit zwei weiteren Türmen hinzufügen ließ.

### Fünfzehn Jahrhunderte Geschichte

In der biblischen Erzählung gelangten die Israeliten nach fünfzig Tagen der Wanderung durch die Berge und Wüsten des Sinai zur Ebene el-Raha, an den „Fuß des Horeb", dem Gebirge, wo Moses die Gesetzestafeln mit den Zehn Geboten erhielt, auf denen die jüdischen und christlichen Lehren aufbauen. Das Horeb-Gebirge, das später Djebel Musa („Berg des Moses") genannt wurde, ist der heilige Berg schlechthin, Ziel von Pilgerwanderungen und Ort der Meditation für viele Christen. In seiner Nähe wurden kleine Klostergemeinschaften gegründet, aber erst im Jahre 330 n. Chr. ließ Helena, die Mutter des Kaisers Konstantin, eine kleine Kirche an der Stelle erbauen, wo sich der brennende Dornbusch befand. Die Klostergemeinschaft, die am Djebel Musa lebte, vergrößerte sich in den darauffolgenden Jahrhunderten und wurde Ziel häufiger Pilgerwanderungen.

Im Jahr 527 n. Chr. ordnete Justinian den Bau einer Klosteranlage mit einer Basilika an, durch einen mächtigen Mauerwall geschützt werden und auch die ursprüngli-

**122**
*Die eindrucksvolle Silhouette des Katharinenklosters mit der Mauer aus dem 6. Jahrhundert von Kaiser Justinian. Das Kloster am Fuß des Mosesbergs in 1570 m umschloß eine kleine Kirche, die Helena, die Mut-ter des Kaisers Konstantin, im Jahre 330 n. Chr. an diesem Ort hatte errichten lassen. Der Überlieferung nach soll Moses dort auch den brennenden Dornbusch gesehen haben.*

che Kirche Helenas einfassen sollte, um die Einsiedler vor den Raubzügen der Beduinen zu schützen. Die Basilika wurde später mit dem herrlichen, heute noch sichtbaren „Mosaik der Verklärung" verziert und selbst „Basilika der Verklärung" genannt. Das sollte jedoch nicht der endgültige Name der Klosterkirche bleiben, denn zwischen dem 8. und dem 9. Jahrhundert fanden die Mönche den Leichnam der heiligen Katharina, der der Überlieferung nach von den Engeln auf die Spitze des Djebel Katherin gebracht worden und dann verschwunden war. Die sterbliche Hülle der Heiligen wurde in einen Sarkophag in die Basilika gelegt, wo sie sich heute noch befindet. Seitdem trägt das Kloster den Namen der heiligen Katharina. Obwohl die arabischen Muslime den Sinai 641 n. Chr. eroberten, lebten die Mönche weiterhin ungestört in ihrem Kloster, denn sie standen unter dem Schutz eines von Mohammed selbst erlassenen Edikts. Der Pilgerstrom ging stark zurück und erlebte erst im 11. Jahrhundert zur Zeit der Kreuzzüge eine neue Blüte, denn die Kreuzritter verbreiteten die Sage und den Kult der heiligen Katharina in Europa, und das Kloster des Sinai wurde zusammen mit Jerusalem und Rom zu einem der großen Wallfahrtsorte des Christentums. Auch nach der Eroberung Ägyptens und des Sinai durch die türkischen Sultane erhielt das Kloster durch ein Edikt des Sultans Selim I. aus dem Jahre 1517 den Schutz der neuen Herrscher. Die Bedeutung des Klosters nahm auch in dieser schwierigen Zeit ständig zu, und nicht nur in Ägypten und Palästina entstanden Klöster nach dem Vorbild von St. Katharina. Selbst auf Kreta, in Rumänien und sogar in Rußland wurden sie gegründet. Auch Napoleon erließ ein Edikt zum Schutz des Klosters, das heute in der Ikonengalerie aufbewahrt wird; außerdem ordnete er Restaurationsarbeiten am Mauerwall an.

*123 oben*
*Der Mauerwall aus justinianischer Zeit, der die zahlreichen Bauwerke des Klosters einfaßt und schützt, wurde zur Zeit der Expedition Napoleons restauriert: Die Zentralmauer mit den beiden Wachtürmen und der Eckturm im Nordosten wurden von General Kléber im Jahre 1801 errichtet.*

*123 Mitte*
*Einige Beduinen des Stammes der Djebelieh, der „Bergbeduinen", die im Katharinenkloster Dienst leisten: Sie stammen von einer Familiengruppe aus der Walachei oder aus Bosnien ab und wurden unter Justinian in den Dienst des Klosters gestellt.*

*123 unten*
*Die großartigen Berge des Sinai umgeben schützend das Katharinenkloster.*

*124 - 125*
*Die mächtige Mauerumgürtung, die das Kloster umgibt, besteht aus rotem Granitstein aus der Umgebung. Ihre Höhe liegt zwischen 9 und 15 m, bei einer Dicke, die an einigen Stellen 2 m erreicht.*

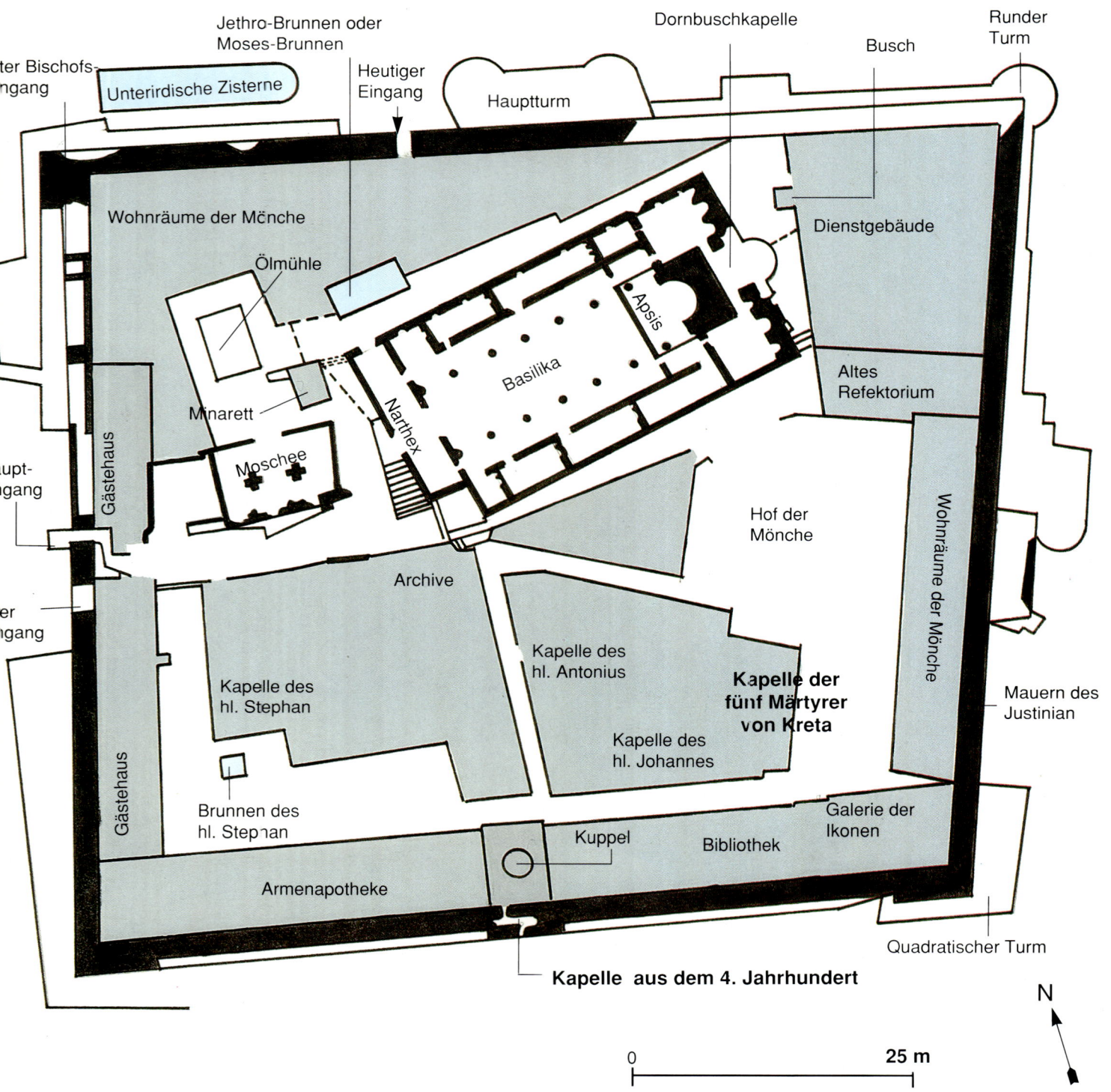

Jethro-Brunnen oder
Moses-Brunnen

Dornbuschkapelle

Busch

Runder
Turm

ter Bischofs-
ngang

Unterirdische Zisterne

Heutiger
Eingang

Hauptturm

Wohnräume der Mönche

Dienstgebäude

Ölmühle

Apsis

Altes
Refektorium

Minarett

Basilika

Moschee

Narthex

upt-
ngang

Hof der
Mönche

Wohnräume der Mönche

Archive

er
ngang

Kapelle des
hl. Antonius

Kapelle der
fünf Märtyrer
von Kreta

Mauern des
Justinian

Kapelle des
hl. Stephan

Kapelle des
hl. Johannes

Gästehaus

Brunnen des
hl. Stephan

Kuppel

Galerie der
Ikonen

Bibliothek

Gästehaus

Armenapotheke

**Kapelle aus dem 4. Jahrhundert**

Quadratischer Turm

N

0        25 m

Kapelle der hl.
Konstantin und Helena

Kapelle des
hl. Antipas

Sakristei

Altar

Kapelle des
hl. Jakob

Kapelle der
hl. Marina

Dornbusch
Kapelle

Ikonostase

Chor

Mosaik der
Verklärung

Narthex

Alte Tore

Kanzel

Thron des
Erzbischofs

Kapelle der
Märtyter
des Sinai

Tor der
Kreuzritter

Sarkophag der
hl. Katherina

Kapelle der hl.
Joachim und Anna

Kapelle der hl.
Cosma und Damian

Kapelle des hl.
Simeon des Säulenheiligens

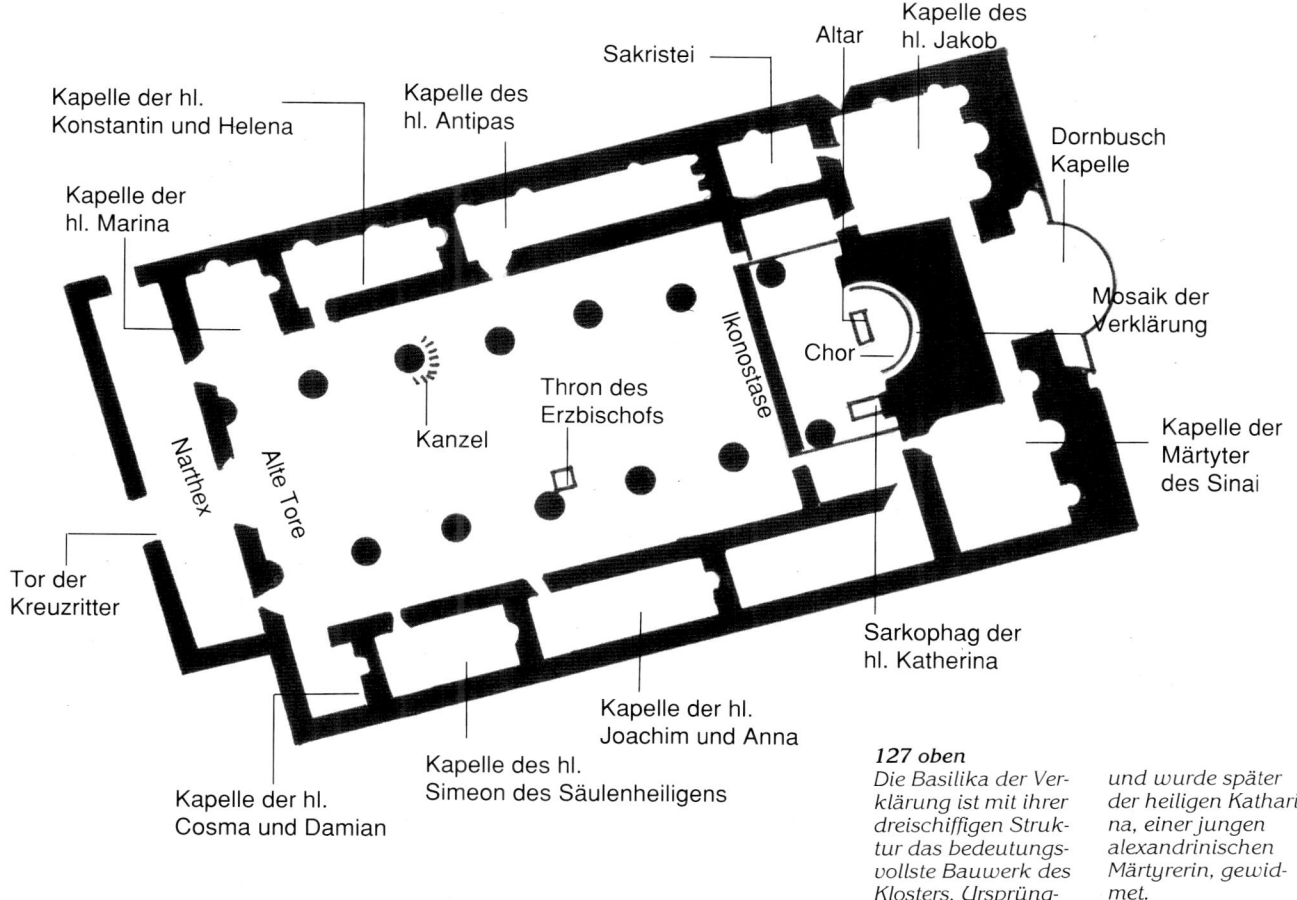

**127 oben**
*Die Basilika der Verklärung ist mit ihrer dreischiffigen Struktur das bedeutungsvollste Bauwerk des Klosters. Ursprünglich war das Kloster der Verklärung des Heilands geweiht und wurde später der heiligen Katharina, einer jungen alexandrinischen Märtyrerin, gewidmet.
Der Glockenturm der Basilika wurde erst 1871 errichtet.*

**127 unten**
*Schematische Darstellung des Mosaiks der Verklärung Christi in der Mulde des Heiligtums des Hauptraumes.
Es stammt aus dem 6. Jahrhundert und ist bis heute vollständig erhalten.
In der Mitte des Bildes befindet sich der verklärte Christus, Moses zu seiner Rechten und Elias zu seiner Linken; zu seinen Füßen die Apostel Petrus, Jakobus und Johannes.*

## Die architektonische Struktur des Klosters

Der ursprüngliche Eingang des Klosters öffnete sich an der Ostseite; der heutige Eingang befindet sich dagegen an der Nordseite. Betritt man das Kloster durch den Nordeingang, sieht man rechts den Mosesbrunnen, der auch Brunnen des Jethro genannt wird. Hier rettete Moses, der Heiligen Schrift nach, als er nach der Vertreibung aus Ägypten das Tal zum ersten Mal betrat, die sieben Töchter Jethros, Priesterinnen einer örtlichen Gottheit, aus der Gewalt der einheimischen Hirten und erhielt eine dieser Töchter als Braut (vgl. Ex 2, 16-22). Der Brunnen ist die wichtigste Quelle des Klosters. Das Wasser wird in ein unterirdisches Becken an den Nordwall des Klosters geleitet. Jenseits des Mosesbrunnens befindet man sich vor der dreischiffigen Klosterkirche, die 527 im byzantinischen Stil erbaut wur-

de. Der Basilika geht ein Narthex voraus, die typische Vorhalle der frühchristlichen Kirchen, die den Büßenden und Katechumenen vorbehalten war, mit einem Holztor aus dem 11. Jahrhundert, auf dessen Architrav in griechischer Sprache folgende Worte geschrieben sind: „Das ist das Tor des Herrn, die Gerechten treten hindurch." Im Narthex sind einige kunstvolle Ikonen, die einzigen öffentlich sichtbaren, ausgestellt. Von hier kann man die Basilika durch eine vierflügelige Holztür betreten. Die Vielfalt und der Reichtum der Einrichtungen, die unzähligen Leuchten, die von der goldenen Decke hängen, hinterlassen einen tiefen Eindruck bei den Besuchern. Die Basilika ist in drei Schiffe geteilt, die von zwölf Säulen getrennt sind, und sie besitzt unter anderem eine herrliche Ikonostase aus dem 17. Jahrhundert – das Werk eines Mönchs aus Kreta, der Jeremia des Sinai genannt wurde; sie stellt den Heiland, die Jungfrau Maria, die heilige Katharina, die Heiligen Nikolaus, Michael und Johannes den Täufer sowie die großen Kirchenfeste dar. Im Hintergrund, oberhalb des Chors und teilweise von den unzähligen Leuchten ver-

deckt, befindet sich das berühmte Mosaik der Verklärung, in dessen Mitte der Heiland groß dargestellt ist. Neben ihm erkennt man Moses, Elias und einige Apostel. Rechts vom Chor kann man den Marmorsarkophag mit dem Leichnam der heiligen Katharina sehen. Innerhalb der Mauerumgürtung befinden sich außer der Basilika noch weitere, bedeutungsvolle Bauwerke:

1) Der Glockenturm, der 1871 von dem Mönch Basilius gebaut wurde. Seine neun Glocken erklingen nur bei großen Messen, keinesfalls für die alltäglichen Gottesdienste; sie sind ein Geschenk des russischen Zaren.

2) Die Dornbuschkapelle: Sie ist an die Kirche angeschlossen und wurde an der Stelle erbaut, an der Moses der Überlieferung nach den brennenden Dornbusch sah, der jedoch vom Feuer nicht verzehrt wurde (vgl. Ex 3, 5; 3, 1-12). Der Altar der Kapelle, der der Verkündung Mariä geweiht ist, wurde auf den Wurzeln des heiligen Dornbusches angelegt; die Apsis ist mit einem Mosaik aus dem 6. Jahrhundert verziert, als der Dornbusch nach außen in die Nähe der Kirchenapsis verpflanzt wurde, wo er sich heute befindet.

3) Das Refektorium ist ein rechteckiger Raum mit Bogengewölbe und einem riesigen Holztisch in der Mitte, der im 18. Jahrhundert von Korfu hierher gebracht wurde. An seinen Wänden befinden sich Inschriften, die Pilger aus dem 15. Jahrhundert zurückgelassen haben, als sie das Refektorium als Schlafraum benutzten.

4) Die Moschee entstand 1106 durch den Umbau einer dem heiligen Basilius gewidmeten Kapelle. In der Moschee befindet sich ein minbar (ein arabisches Wort, das eine Kanzel bezeichnet, von der die Freitagspredigt gehalten wird) aus Holz aus dem 12. Jahrhundert; es ist das einzige, heute existierende minbar aus fatimidischer Zeit. Ein an die Moschee angeschlossenes Minarett erhebt sich neben dem Glockenturm der Basilika.

129
*Im Inneren des Katharinenklosters sind die verschiedenen Bauwerke nebeneinander in einem wüsten Durcheinander von Stilrichtungen und Architekturformen angelegt. Diese Unordnung stört jedoch keinesfalls die friedliche Atmosphäre des Ortes.*

5) Die Bibliothek gilt nach der der Vatikanischen Museen als die zweitgrößte der Welt hinsichtlich der Manuskript- (über 3000) und Miniaturensammlung, der Zutritt ist jedoch verboten.
Diese wertvollen Kodizes, die zum großen Teil in griechischer Sprache verfaßt sind, wurden von den Mönchen selbst geschrieben oder kopiert; darin liegt die Originalität dieser weltweit einzigartigen Sammlung.
Hier entdeckte der deutsche Forscher Friedrich von Tischendorf 1844 den berühmten Codex sinaiticus mit einer Bibel aus dem 4. Jahrhundert.
Dieser Kodex, der aus 129 Pergamentblättern besteht, wurde 1859 dem russischen Zar Alexander II. zum Geschenk gemacht, aber 1933 verkaufte die bolschewistische Regierung ihn an das British Museum, wo er sich heute befindet. An die Bibliothek angeschlossen ist die Galerie der Ikonen mit über 2000 Exponaten,

die zum großen Teil auf das 10. und 15. Jahrhundert zurückgehen, aber einige Exemplare sind noch älter. Die Ikonen wurden von den Mönchen des Klosters gemalt. Neben der Bibliothek werden Kelche, Ikonen, Kerzenständer und anderen Gegenstände gehütet, die Geschenke der Gläubigen sind.

Angeschlossen an das Kloster und außerhalb der Klostermauern befinden sich:

1) Der Garten, der von hohen Zypressen umgeben ist – eine wahre kleine Gebirgsoase mit Olivenbäumen, Obstbäumen und einem Gemüsegarten.

2) Der in der Mitte des Gartens angelegte Friedhof. Aus Platzmangel werden die Leichname der Mönche nach einiger Zeit exhumiert und in der Krypta der Kapelle des heiligen Trifonius, die das Ossarium bildet, beigesetzt.

**130 rechts oben**
Eine niedrige Mauer
faßt den Ort ein, an
dem Moses den
brennenden Dorn-
busch gesehen
haben soll.

**130 rechts unten**
Bunte Dekorations-
elemente verschönern
die Fassade der
Kapelle des heiligen
Johannes.

**130 links oben**
In der Mitte des Bil-
des erkennt man
die Basilika der Ver-
klärung, in der wert-
volle Kunstwerke,
darunter insbeson-
dere zahlreiche
Ikonen, aufbe-
wahrt werden.

**130 links unten**
In der Nähe des
„Mosesbrunnens"
kann man einen
kunstvollen Bogen
aus justinianischer
Zeit sehen.

**131 links oben**
Eines der außerhalb in die Steine der Mauerumgürtung gehauenen Kreuze.

**131 links unten**
Im Kloster befindet sich der „Mosesbrunnen", eine der lebenswichtigsten Quellen des Klosters. Glaubt man der Bibel, so soll Moses hier die Töchter des Jethro getroffen haben; die älteste dieser Töchter wurde später seine Frau.

**131 rechts**
Am Eingang zur Basilika der Verklärung befindet sich eine kunstvoll geschnitzte Tür aus dem 12. Jahrhundert, die in das Narthex führt.

Das Innere der reich
mit unzähligen von
der Decke hängen-
den Lampen verzier-
ten Basilika wird
von der großen
Ikonostase aus Holz
aus dem 17. Jahr-
hundert beherrscht,
die mit Bildnissen
des Heilands, der
Jungfrau und
einiger Heiliger
dekoriert ist,
darunter auch die
heilige Katharina.

**134**
*Die Galerie der Ikonen umfaßt über 2000 Exponate, allesamt Werke der Mönche des Klosters; sie stammen zum großen Teil aus der Zeit zwischen dem 10. und dem 15. Jahrhundert. Unter den wertvollsten wollen wir die berühmte „Treppe" des heiligen Johannes Climacus, eines Mönchs aus dem 7. Jahrhundert, erwähnen.*

**135**
*Die Ikonen des Katharinenklosters sind auf Holz gemalt und Ausdruck eines verfeinerten, eigenständig entwickelten Kunststils.*

## Die Mönche des Katharinenklosters

Die Mönche des Katharinenklosters leben gemäß einer selbständigen, unabhängigen Klosterordnung, deren Oberhaupt ein Erzbischof ist, der seine Funktionen mit der Hilfe eines Rates ausübt.

Der Klosterorden des Sinai, dem die Mönche angehören, war ursprünglich Teil der Römischen Kirche und wurde 1260 vom Papst Innozenz IV. anerkannt; aber zwei Jahrhunderte später, 1439, zur Zeit des Konzils von Florenz, löste sich der Orden von Rom und folgte der Liturgie der Ostkirche. Die Mönche befolgen die Regel des heiligen Basilius; sie stehen um 2.30 Uhr auf, beten und feiern von 4 Uhr bis 7.30 Uhr Messe; die Vesper wird zwischen 15 und 17 Uhr gehalten. Danach versammeln sich die Mönche zur einzigen kargen Mahlzeit des Tages.

Der heilige Katharinenorden bedient sich während des Gottesdienstes der griechischen Sprache, und die Mönche selbst sind zum großen Teil Griechen. Heute leben etwa fünfzehn Mönche im Kloster, früher dagegen waren sie viel zahlreicher (300 bis 400 zwischen dem 10. und dem 14. Jahrhundert). Auch heute noch verrichtet beduinisches Dienstpersonal des muslimischen Stammes der Djebeliah („der Berge") die alltäglichen Arbeiten. Sie sind die Nachkommen einer zum islamischen Glauben konvertierten Gruppe von 200 Familien aus der Walachei und aus dem Gebiet von Alexandrien, die auf Befehl Justinians hierhin zogen, um im Kloster Dienst zu leisten.

## PRAKTISCHE INFORMATIONEN

Die Besichtigung des Klosters wird gewiß zu Unrecht als eine der unverzichtbaren Etappen im Laufe einer Sinai-Reise betrachtet. Die Besichtigung des Ortes lohnt sich, aber das Kloster ist eine rechte Enttäuschung, denn ein Großteil der Bauwerke, die Bibliothek und die Dornbusch-kapelle sind für Touristen nicht zugänglich. Nur die Kirche, der Mosesbrunnen, der Dornbusch und das Ossarium dürfen besichtigt werden. Außerdem ist das Kloster nur morgens von 9 Uhr bis 12 Uhr geöffnet; freitags, sonntags, an großen Kirchenfeiertagen sowie während der Perioden der Einkehr bleibt es ganz geschlossen.

Man sollte sich also auf jeden Fall vor einer eventuellen Besichtigung bei den Reisebüros informieren oder direkt beim Kloster anrufen, bevor man die Reise umsonst antritt.

**137 oben**
*In der Nähe des Klosters befindet sich eine kleine, von einer Mauer umgebene Kapelle.*

**137 Mitte und unten**
*Im Kloster leben heute etwa fünfzehn Mönche, die zum großen Teil aus Griechenland stammen und die Liturgie der orthodoxen Ostkirche und die Regel des heiligen Basilius befolgen. Das Kloster hat eine selbständige Struktur, die von einem Erzbischof und einem Rat geleitet wird.*

**137 unten rechts**
*Im Klostergarten befindet sich in der Krypta, der dem heiligen Trifonius gewidmeten Kapelle das Ossarium des Klosters, wo die Gebeine der Mönche gesammelt sind.*

## DJEBEL MUSA (MOSESBERG)

Den Aufstieg zum Djebel Musa, dem „Berg des Moses", der in der Bibel als Berg Horeb bezeichnet wird, sollte man auf jeden Fall mit der Besichtigung dieses Gebietes verbinden. Man muß mit einer Dauer von etwa drei Stunden rechnen, denn der Djebel Musa ist 2286 m hoch, und man kann den Aufstieg über zwei verschiedene Wege antreten, die das letzte Stück zusammenlaufen.

Der erste Weg, Sikket Saydna Musa, „Weg des Moses", genannt, ist der angeblich von Moses bei seinem ersten Aufstieg einge-schlagene Weg. Er führt über eine lange und steile, von den Mön-chen in den Felsen gehauenen Treppe mit 3700 Stufen. Dieser Weg beginnt mit einer Piste, die längs der Südmauer des Klosters ansteigt, oder mit einer Piste, die bei zwei kleinen Steinkonstruk-tionen, die man links liegen las-sen muß, von der Piste abzweigt, die durch das Wadi führt. Nach etwa dreißig Minuten gelangt man zur „Quelle des Moses", die in ei-ner kleinen Grotte sprudelt, und dann an einer Kapelle vorbei, die der heiligen Jungfrau Maria ge-weiht ist. Jenseits dieser Stelle muß man das Tor der Beichte durchschreiten, das so genannt wird, weil ein Mönch den Pilgern

hier einst die Beichte abnahm, damit sie bar jeder Sünde ihren Weg zur Spitze des heiligen Bergs fortsetzen konnten; danach muß man auch durch das Tor des heili-gen Stephan schreiten.

Man erreicht, nachdem man 3000 Stufen erklommen hat, eine eindrucksvolle Abflachung, die von Granitbergen eingefaßt ist und „Amphitheater der siebzig Weisen Israels" genannt wird: Hier blieben die siebzig Weisen zurück, die Moses bei seinem Aufstieg begleitet hatten, denn nur der Pro-phet allein durfte sich dem Herrn nähern (vgl. Ex 24, 1-11). Im Amphitheater, dem von großen Zypressen und einem Olivenbaum Schatten gespendet wird, befindet sich eine Quelle und die Einsiede-lei des heiligen Stephan, während auf einer etwas weiter südlich lie-genden Spitze zwei Kapellen zu sehen sind, die Moses und dem Propheten Elias gewidmet wurden. Hier beginnt die Piste, die zur Spit-ze des Ras Safsafa hinaufführt, nachdem man einige Kapellen hinter sich gelassen hat, die den Heiligen Johannes dem Täufer, Anna, Joachim und der Jungfrau Maria geweiht sind. Nach dem Aufstieg längs der Nordostwand des Amphitheaters gelangt man zu der Stelle, an der beide Pisten sich treffen. Hier beginnt die letzte Treppe (700 Stufen), die zur Spit-

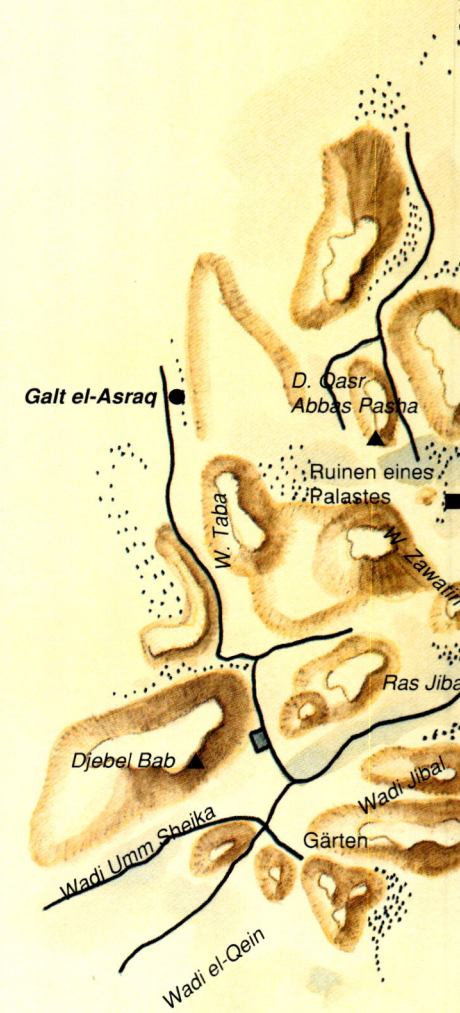

**138**

*Eine kleine, von den Bergen überragte Lichtung am Ende des ersten Ab-schnitts der Treppe, die das Kloster mit dem Mosesberg ver-bindet, wird „Am-phitheater der sieb-zig Weisen Israels" genannt, denn die Alten, die Moses begleiteten, mußten hier stehenbleiben und die göttliche Macht aus der Ferne miterleben – einzig dem Propheten war es gewährt, den Weg bis zur Spitze fortzusetzen.*

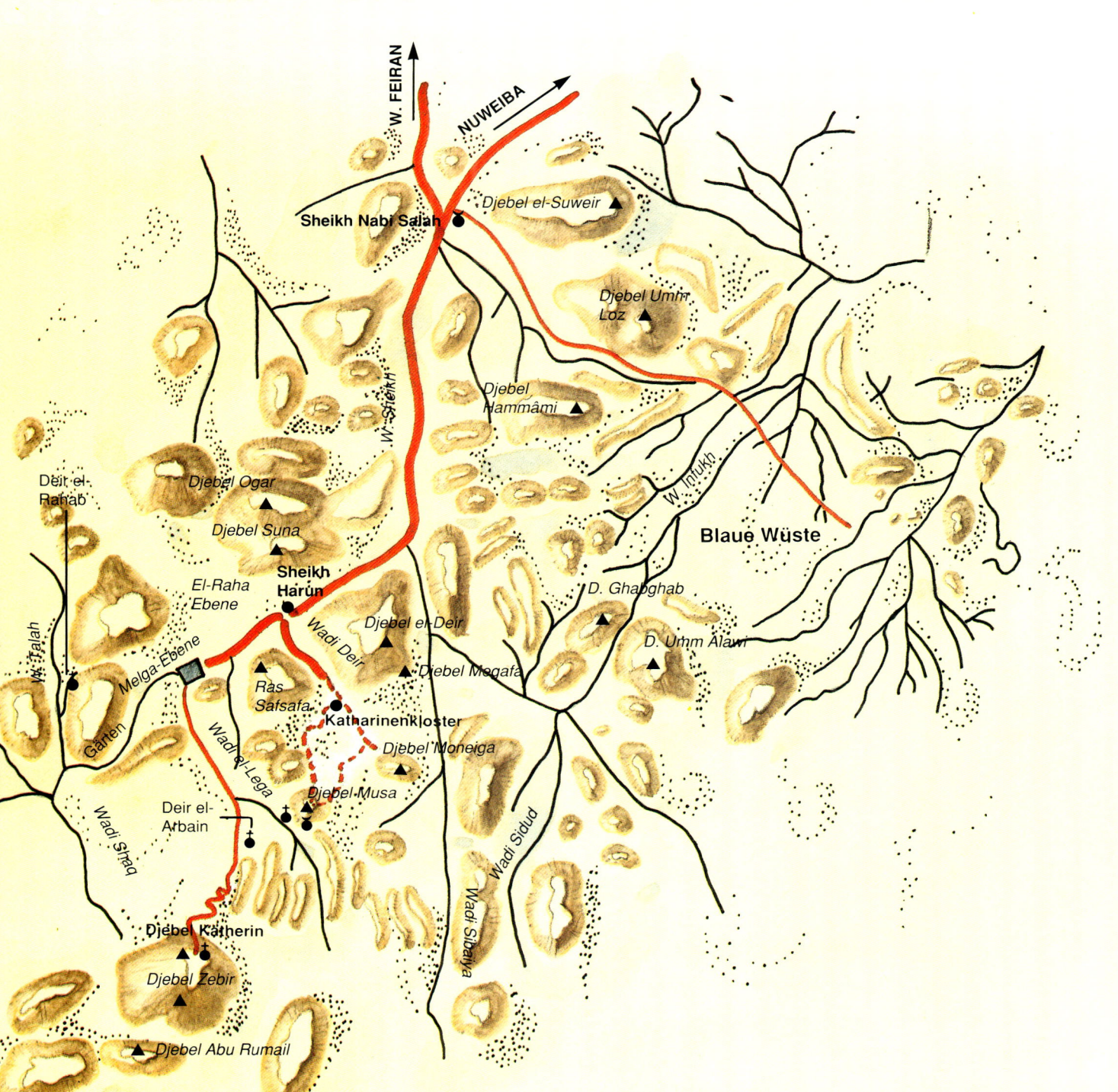

The map contains the following labels:

W. FEIRAN

NUWEIBA

Djebel el-Suweir ▲

**Sheikh Nabi Salah** ●

Djebel Umm Loz

W. Sheikh

Djebel Hammâmi ▲

W. Injukh

Deir el-Rahab

Djebel Ogar ▲

Djebel Suna

**Sheikh Harún**

Blaue Wüste

D. Ghabghab ▲

El-Raha Ebene

Wadi Deir

Djebel el-Deir ▲

D. Umm Alawi ▲

W. Talah

Melga-Ebene

Ras Safsafa ●

Djebel Megafa

**Katharinenkloster** ●

Djebel Moneiga ▲

Gärten

Wadi el-Lega

Djebel Musa

Wadi Sidud

Wadi Shaq

Deir el-Arbain

Wadi Silbaiya

Djebel Katherin ▲

Djebel Zebir ▲

▲ Djebel Abu Rumail

---

ze des Djebel Muşa führt. Etwa auf halber Strecke befindet sich eine merkwürdige, von der Witterung gestaltete Erosionsform im Granit, die an den Fußabdruck eines Kamels erinnert und von den Beduinen athar nagat el-nabi, d. h. „Fußabdruck der Kamelkuh des Propheten" genannt wird, obwohl man nicht genau weiß, auf welchen Propheten sich die mündliche Überlieferung bezieht.

Auf der Spitze des Djebel Musa steht die Kapelle der Heiligen Dreifaltigkeit, die an der Stelle erbaut wurde, wo Gott sich in der Form einer Feuerwolke offenbart und zu Moses gesprochen haben

soll (vgl. Ex 24, 15-18). Der Ausblick von dieser Anhöhe ist überwältigend, vor allem bei Sonnenaufgang, wenn der Blick über die gesamte Bergkette und an klaren Tagen bis zum Golf von Akaba schweift.

Die 1934 auf den Ruinen eines Hauses aus dem 4./5. Jahrhunderts neu aufgebaute Kapelle ist innen mit Wandmalereien aus den Leben Moses verziert. Westlich, seitlich der Kapelle befindet sich eine kleine Moschee, die im 12. Jahrhundert gebaut wurde; darunter öffnet sich die Grotte, in der Moses vierzig Tage verbrachte und der Herr sich dem Propheten

Elias offenbart haben soll (vgl. Ex 24, 15-18; 1. Könige, 9, 8-13). Der zweite Weg ist zwar länger, aber weniger anstrengend, da man einen Teil auf dem Kamelrücken zurücklegen kann; er wird sikket el-basha, „Weg des Pascha", genannt.

Der Pfad verläuft etwa 500 m weit durch das Wadi el-Deir zwischen Djebel Musa und Djebel Moneiga, dann steigt er am Hang des Djebel Musa bis zu einem Engpaß über dem Amphitheater der siebzig Weisen Israels auf, wo er in den ersten Weg mündet.

Katharinenkloster

Ras Safsafa

Piste nach Ras Safsafa

Moses-Quelle

*Sikket Saydna Musa*

Kapelle
der hl.
Jungfrau

**Zum Deir el-Arbein**

Tor der
Beichte

Einsiedlerei des hl. Stephan
Kapellen des Moses und des Elias

**Tor des hl. Stephan**

*Sikket el-Basha*

Amphitheater der
70 Weisen Israels

*Djebel Musa*

Letzter
Streckenabschnitt:
700 Stufen

Kirche

Moschee

Traditionsgemäß unternimmt man den Aufstieg zum Djebel Musa im Morgengrauen, um dem herrlichen Schauspiel der aufgehenden Sonne beizuwohnen, deren Strahlen die gesamte Bergkette in ein feuriges Farbenmeer tauchen. Man muß sich somit mindestens drei Stunden vor Sonnenaufgang mit einer Taschenlampe, guten Bergschuhen und warmer Kleidung auf den Weg machen, denn auf der Spitze ist es kalt und häufig windig. Wir möchten hier darauf hinweisen, daß das Schauspiel des Sonnenaufgangs häufig leider von der allzu großen Menschenmenge, die sich hier trifft, gestört wird.

Sobald man die Kapelle auf der Bergspitze erreicht hat, ist es schwer, einen Platz zu finden, ohne über einen der vielen Schlafsacktouristen, die hier übernachten zu stolpern. Normalerweise steigt man zu Fuß oder per Kamel längs des Sikket el-Basha auf und längs des Sikket Saydna Musa wieder hinunter. Auf den Weg selbst liegen viele Raststätten.

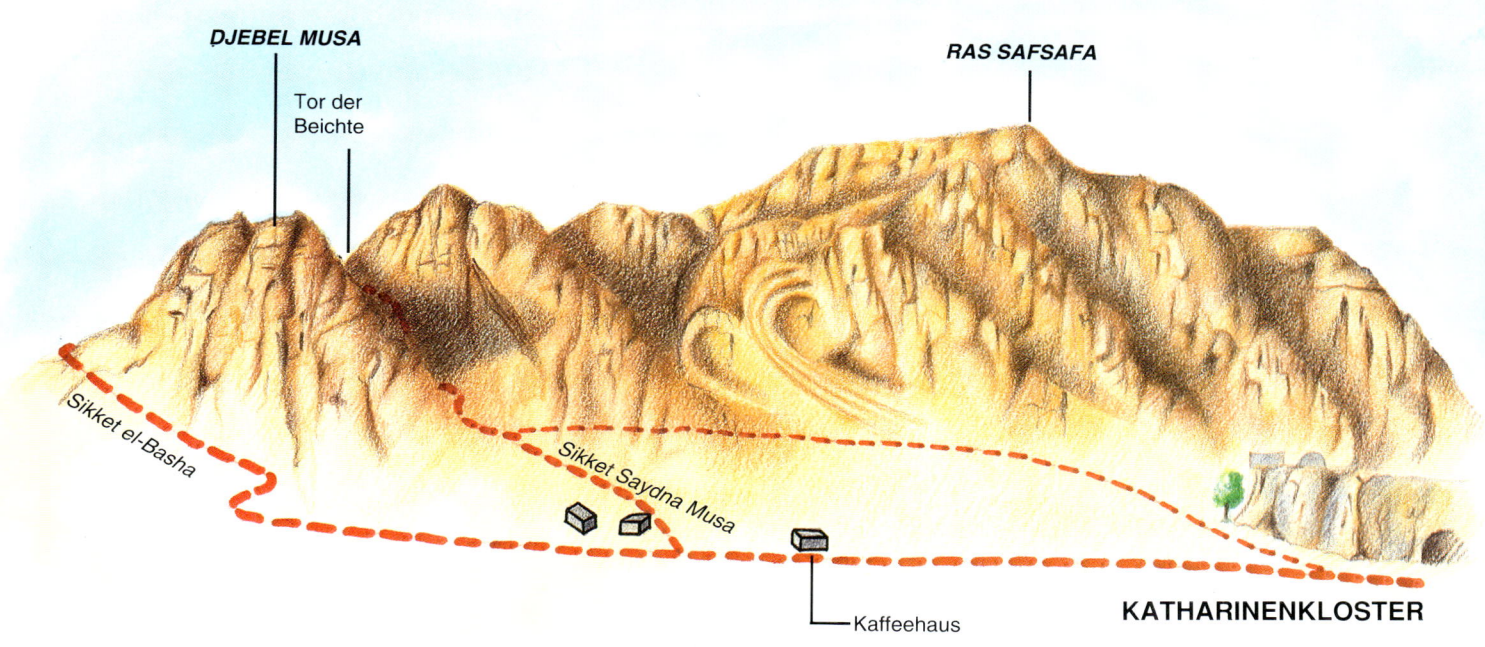

DJEBEL MUSA

Tor der Beichte

RAS SAFSAFA

Sikket el-Basha

Sikket Saydna Musa

Kaffeehaus

KATHARINENKLOSTER

**141 oben**
*Eine steile Treppe mit 3700 Stufen führt zum Tor der Beichte auf der Spitze des Djebel Musa. Traditionsgemäß empfing ein Mönch die Pilger am Ende der Treppe und nahm ihnen die Beichte ab, denn man durfte nur geläutert jenseits dieser Stelle zum heiligsten Teil des Berges aufsteigen.*

**141 unten**
*Auf der Spitze des Mosesberges befindet sich eine kleine Moschee und eine der Heiligen Dreifaltigkeit geweihte Kapelle, die 1934 auf den Resten eines älteren Heiligtums aufgebaut wurde. Der Überlieferung nach sprach Gott an dieser Stelle zu Moses.*

**142 - 143**
*Von der Spitze des Mosesbergs, der 2285 m hoch ist, hat man einen herrlichen Ausblick über die gesamte Gebirgskette.*

Grotte, in der
Moses lebte

MOSCHEE

KAPELLE

N ➡️

**145**
*Die kleine Kapelle
des Djebel Musa im
sanften Licht des
Sonnenaufgangs.*

**145 Mitte**
*Die Kapelle der Drei-
faltigkeit wurde
1933 auf den Resten
eines Tempels aus
justinianischer Zeit
aufgebaut.*

**145 unten**
*Der Aufstieg auf den
riesigen Granitwall
des Mosesbergs
erfordert eine
dreistündige Wan-
derung.*

# KATHARINENKLOSTER – GALT EL AZRAQ

Alle Ausflüge in die Berge südwestlich des Katharinenklosters beginnen beim Wadi Abu Gifa, wo man sich über einen gut gezogenen Pfad und häufig über große, in den Felsen gehauene Stufen zwischen Gärten und Beduinenhütten bis zum Abu-Gifa-Paß durchschlängelt. Links sieht man Deir el-Ribwa, das mehr einem modernen Berghaus als einem Kloster ähnelt. Rechts führt ein Weg auf einen hohen Berg hinauf, der von den Beduinen Djebel Seru oder Djebel Rahab genannt wird. Dieser Weg, den die Einwohner regelmäßig benutzen, um die Herden auf die Weiden zu bringen, führt über einen Paß und auf der anderen Seite des Bergs steil wieder hinunter – bis zum Kloster Deir el-Rahab, das nicht besichtigt werden kann, in einem tiefen, wasserreichen Tal mit schönen Gärten und Zypressen. Jenseits von Abu Gifa wandert man einen steilen Hang hinunter bis zum Ende des Wadi Tubuq. Hier öffnet sich rechts die enge Mündung des Wadi Talah, das über einen Weg durch das Flußbett zwischen riesigen Granitblöcken hindurch ebenfalls zum Kloster Deir el-Rahab führt. Setzt man seinen Weg dagegen in südwestlicher Richtung durch das Bett des Wadi Tubuq zwischen schönen Gärten und üppigen Granatapfel-, Apfel-, Mandel- und Olivenbäumen fort, dann durchquert man das Wadi Shaq auf der linken Seite (etwa anderthalb Stunden nach Aufbruch). Jenseits einer engen Schlucht zwischen den Granitwänden führt das Wadi in west-südwestlicher Richtung weiter. Von hier hat man einen herrlichen Ausblick auf den Djebel Katherin, der sich majestätisch im Südosten erhebt. Man betritt nun den südlichen Abschnitt des Wadi Zawatin. Rechts führt ein kurzer Weg zu einer Steinhütte, die Beduinen und Wanderern häufig als Unterkunft für die Nacht dient. Nur einige hundert Meter weiter stößt man links bei einer dichten Gruppe von Olivenbäumen auf eine Abzweigung des Wadi Zawatin, die Nabq

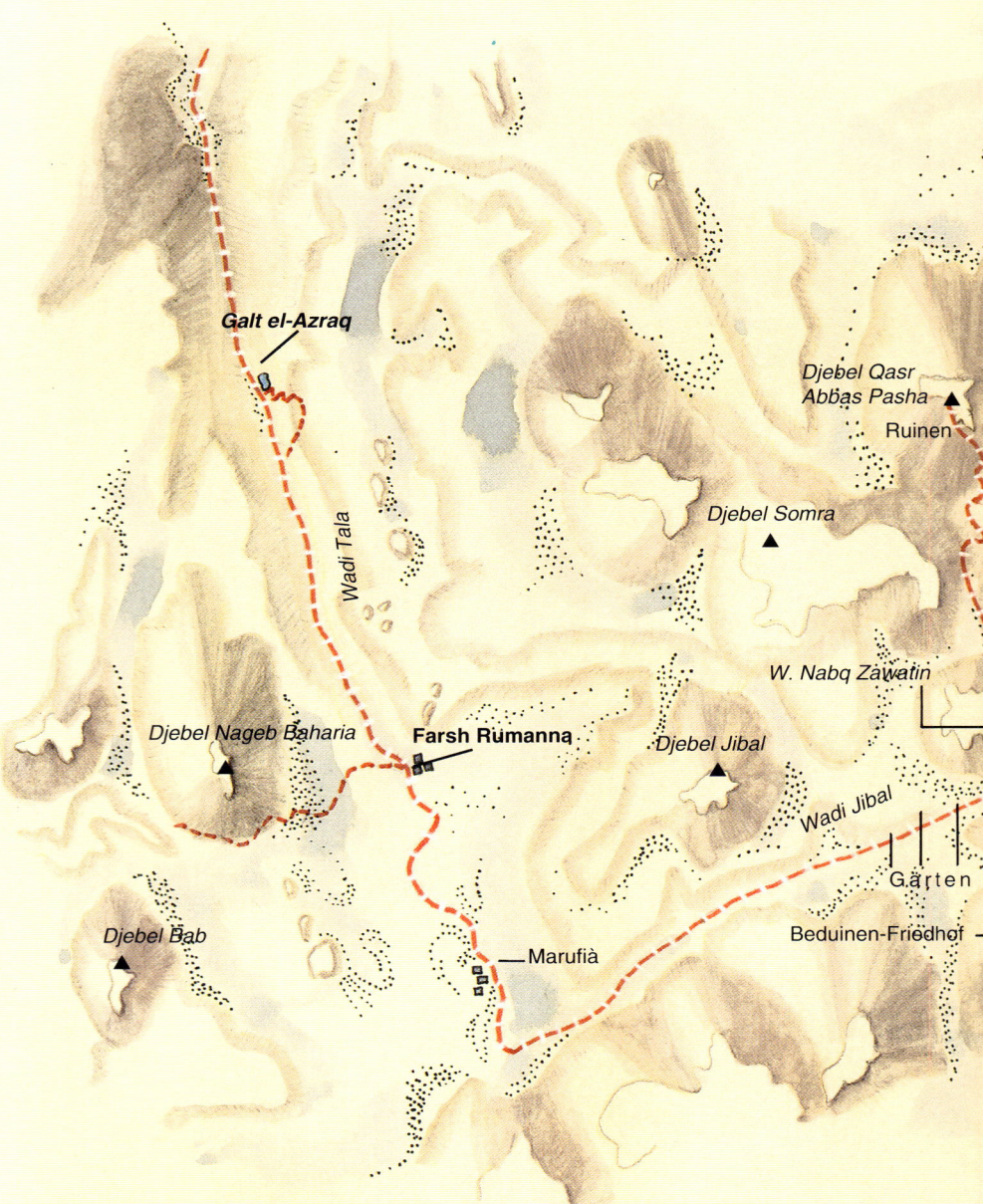

Zawatin genannt wird. Setzt man seinen Weg dagegen geradeaus längs des Wadi Zawatin in nordwestlicher Richtung fort, dann gelangt man zum Djebel Abbas. Fährt man den Nabq Zawatin hinauf, so kommt man, links an einem kleinen Beduinenfriedhof vorbei, in die weite Ebene des Wadi Jibal, das sich in südwestlicher Richtung hinzieht. Die Hochebene verengt sich dann und geht in einen Geröllhang über, der sich im Winter in einen Bach verwandelt. Links und rechts befinden sich viele Gärten und Brunnen, und die Piste führt an einer Mauer entlang, die die Grundstücke der Beduinen begrenzt. Etwa dreieinhalb Stunden nach Aufbruch gelangt man zum Djebel

Misman, der einen ziemlich eigenartigen, runden Gipfel hat und sich links erhebt. Kurz danach bemerkt man links den zu den herrlichen Brunnen von Ain Naghila führenden Weg. Man schlägt dann den Weg ein, der längs des Wadi Jibal hinunterführt, und biegt in nordwestlicher Richtung zwischen merkwürdig geformten Granitfelsen ab. Bald durchquert man ein Dorf mit Hütten aus mörtellosem Mauerwerk, das von den Beduinen marufià genannt wird. Nach diesen Häusern geht der Weg längs des rechten Ufers des Wadi weiter, das in eine breite Esplanade mündet, an deren Ende man etwa fünf Stunden nach Aufbruch Farsh Rumanna, die

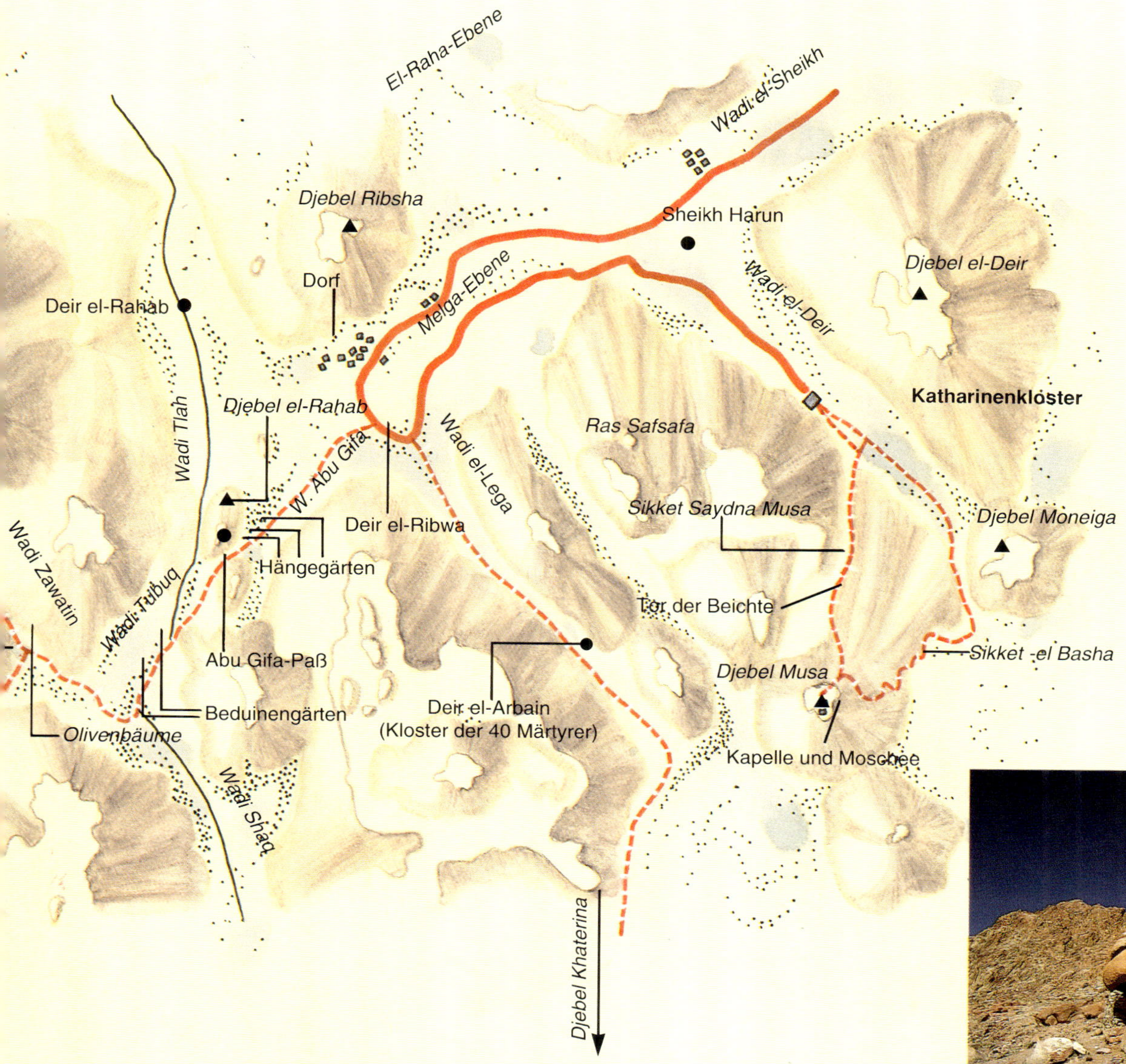

## Map labels

El-Raha-Ebene

Wadi-el-Sheikh

Djebel Ribsha ▲

Sheikh Harun ●

Djebel el-Deir ▲

Dorf

Melga-Ebene

Wadi el-Deir

Deir el-Rahab ●

Djebel el-Rahab

Wadi Tlah

Katharinenkloster

Ras Safsafa

W. Abu Gifa

Wadi el-Lega

Deir el-Ribwa

Sikket Saydna Musa

Djebel Moneiga ▲

Wadi Zawatin

Hängegärten

Wadi Tubuq

Tor der Beichte

Abu Gifa-Paß

Sikket el-Basha

Beduinengärten

Deir el-Arbain
(Kloster der 40 Märtyrer)

Djebel Musa ▲

Olivenbäume

Wadi Shaq

Kapelle und Moschee

Djebel Khaterina

**147 oben**
In Farsh Rumanna,
hinter diesem Fel-
sen, befindet sich
eine kleine Höhle, in
der die Beduinen
und Wanderer die
Nacht verbringen,
vor allem im Winter,
wenn es sehr kalt
wird.

**147 unten**
Von der Anhöhe des
Abu-Gifa-Passes hat
man einen schönen
Ausblick über die
Ebenen von Melga
und el-Raha.

„Ebene der Granatapfelbäume" erreicht. An diesem wasserreichen, herrlichen Ort bieten sich verschiedene Ausflugsmöglichkeiten an, und man kann in spartanisch eingerichteten Steinhütten übernachten. In westlicher Richtung, vor den Hütten, weisen zwei Pfähle auf eine Öffnung im Felsen hin, die zu einem kleinen Platz führt, wo neben zahlreichen jüngeren Beduinengräbern einige Grabstätten aus der Bronzezeit zu sehen sind.

Die Ebene ist im Westen vom Djebel Nabq Baharia begrenzt, an dessen Hang der Rückweg von den Quellen von Ain Naghila steil hinunterführt. Man bricht von Farsh Rumanna auf und fährt den Bach längs des Wadi Talah hinunter, das die Fortsetzung des Wadi Jibal bildet. Nach knapp zwei Stunden erreicht man eine herrliche Aussichtsstelle auf den dunklen Umriß des Djebel Tarbush und, weiter unten, auf zwei tiefe Mulden, deren tiefgrünes Wasser einen kräftigen Kontrast zu dem umliegenden Gestein bildet.

Die untere Wassermulde ist der berühmte Galt el-Azraq, der „blaue Brunnen".

Der sehr steile Abstieg zum Bett des Baches hinunter dauert etwa zwanzig Minuten. Dann erreicht man das Becken, wo der Bach einen reizvollen Wasserfall bildet. Im Sommer kann man im frischen Wasser dieses kleinen Gebirgssees schwimmen, der immerhin die beachtliche Tiefe von 7 m erreicht.

**148 oben**
*Ein steiler Weg
schlängelt sich am
Berghang hinauf
und führt an zahl-
reichen Hänge-
gärten vorbei zum
Abu-Gifa-Paß. Von
hier aus starten
zahlreiche Wander-
wege des Gebietes
um das Katharinen-
kloster.*

*Am Anfang des
Wadi Jibal gelangt
man zu einem
kleinen Beduinen-
friedhof.*

**148 Mitte**
*Das Wadi Jibal ist
reich an Wasser und
Vegetation und von
vielen kleinen Ge-
müsegärten übersät.*

**149 Mitte**
*Von Farsh Ruman-
na zieht sich der
Weg weiter am was-
serreichen Bach
entlang, der in die
Verlängerung des
Wadi Jibal fließt
und ab hier Wadi
Talah genannt
wird.*

**148 unten**
*Der gewundene,
bei Farsh Rumanna
beginnende Weg
führt durch einen
Felsgang zum tiefen
Becken von Galt
el-Azraq.*

**149 unten**
*Galt el-Arzraq, der
„Blaue Brunnen",
ist eine der spekta-
kulärsten Stellen
des Gebietes um
das Katharinen-
kloster. Das Wasser
des Bachs bildet
einen kleinen Was-
serfall, der ein
6 bis 7 m tiefes
Becken gegraben
hat.*

## DJEBEL KATHERIN

**150 oben**
*Auf dem Bild erkennt man den Osthang des Djebel Katherin; im Hintergrund sieht man den Golf von Suez.*

**150 unten**
*Das Wadi el-Lega verläuft parallel zum Wadi el-Deir, wo sich das Katharinenkloster befindet, und es ist der günstigste Zugangsweg für den Aufstieg zum Djebel Katherin.*

*Auf dem Boden des Wadi liegt das Kloster Deir el-Arbain, das „Kloster der vierzig Märtyrer", das zu Ehren von vierzig von den Beduinen getöteten Mönchen errichtet wurde.*

Der Aufstieg zum Djebel Katherin ist nicht so beliebt wie der zum Djebel Musa, obwohl das Schauspiel von der Spitze dieses 2642 m hohen Berges vielleicht noch schöner ist; auf jeden Fall ist man hier (fast) allein. Der Zufahrtsweg beginnt in der Ebene von Melga und führt durch das Wadi el-Lega, parallel zum Wadi el-Deir. Mit dem Auto kann man bis zum Kloster der Heiligen Apostel (Deir el-Ribwua) fahren, wo man es stehen läßt und den Weg zu Fuß durch das Wadi el-Lega fortsetzt; nach 2 km gelangt man zum Kloster der vierzig Märtyrer (Deir el-Arbein), das zum Gedächtnis an die vierzig von den Beduinen ermordeten Mönche errichtet wurde. Hier verläßt der Weg das Wadi und steigt am linken Hang hinauf. Nach der Shaqq Musa, einer Schlucht, erreicht man einen kleinen, freien Platz mit einer Quelle: Bir el-Shenar, „Brunnen der Rebhühner", liegt in einer Höhe von 2000 m. Der Weg schlängelt sich am Berghang empor, und man gelangt schließlich in Sichtweite der Spitze, auf der sich eine kleine, weiße Kapelle erhebt. Auf dem Sattel, der den Djebel Katherin vom Djebel Zebir (2644 m), dem höchsten Gipfel des Sinai, trennt, beginnt eine Treppe, die zu der Kapelle führt, wo man sich in zwei kleinen Räumen von den Mühen des Aufstiegs erholen kann.

Anmerkung: Der Aufstieg zum Djebel Katherin erfordert etwa fünf Stunden, der Abstieg etwa drei Stunden.

> ### PRAKTISCHE INFORMATIONEN
> In den Büros des Sheikh Musa Mountanial Travelling Office kann man die gewünschte Trekkingtour organisieren und einen ortskundigen beduinischen Führer, einen Kamelführer und die je nach Gewicht des eigenen Gepäcks erforderlichen Kamele mieten. Als Richtwert: ein Führer, ein Kamelführer und zwei Kamele kosten ca. 115 ägyptische Pfund pro Tag; der Preis kann sich aber bei besonders anspruchsvollen Routen auch erhöhen.

**151 oben**
*Vom Wadi Sheikh hat man einen herrlichen Ausblick auf Ras Safsafa.*

**151 Mitte**
*Die eindrucksvolle Masse des Djebel Umm Shomer hebt sich vor dem Hintergrund der Sinai-Wüste ab; dahinter erhebt sich der Djebel Katherin.*

**151 unten**
*Fährt man das Wadi Zavatin hinauf und schlägt darauf das Wadi Shaq in Richtung Süden ein, so kann man in der Ferne den eindrucksvollen, dunklen Bergwall des Djebel Katherin sehen, den höchsten Gipfel der Halbinsel Sinai.*

## DIE BLAUE WÜSTE

Als „Blaue Wüste" wird eine Hochebene bezeichnet, die sich im Westen des Mausoleums Sheikh Nabi Salah ausdehnt, und auf der Jean Verame, ein belgischer Künstler, zwischen 1980 und 1981 auf einem Areal von 15 qkm mit der Genehmigung des damaligen Präsidenten Sadat viele Felsblöcke blau bemalte: Blau ist die Farbe des Friedens. Er wollte damit das Ende des Krieges zwischen Ägypten und Israel feiern. Obwohl über diese besondere Kunstkreation, die ganze zehn Tonnen Farbe verschlang, viel diskutiert wurde, bleibt die „bemalte" Wüste doch ein einzigartiger Ort, an dem die unnatürliche Farbe der Felsen stark mit dem Ockergelb der Wüste kontrastiert, ihnen aber eine außerordentliche Plastizität verleiht und die Felsen fast zu natürlichen Skulpturen macht.

### Rundfahrt

Die nach Südosten führende, gut ausgefahrene Piste, die kein Geländefahrzeug erfordert, beginnt an der asphaltierten Straße zum Katharinenkloster, direkt hinter der Kreuzung mit der von Faran kommenden Straße, dort, wo sich das Mausoleum Sheikh Nabi Salah befindet.
Nach etwa 6 km gelangt man in das Gebiet der „Blauen Wüste", das sich über 4 km hinzieht.
Der Großteil der bemalten Felsen befindet sich an der rechten Seite der Piste.

**152**
*Zwischen 1980 und 1981 bemalte der belgische Künstler Jean Verame diese Felsen auf einer Hochebene in der Nähe des Katharinenklosters mit blauer Farbe, um so den Friedensbeschluß zwischen Ägypten und Israel zu feiern.*

*Map labels:*
WADI FARAN
NUWEIBA
Djebel el-Suweir
Sheikh Nabi Salah
Wadi Sheikh
Djebel Hammâmi
KATHARINENKLOSTER
Wadi Umm Gelsum

Benzin
Bir el-Suweir
Green Lodge
NUWEIBA
Beduinen-Hütten
Beduinen-Friedhof
Check-Point
BLAUE WÜSTE
Sheikh Nabi Salah
KATHARINENKLOSTER

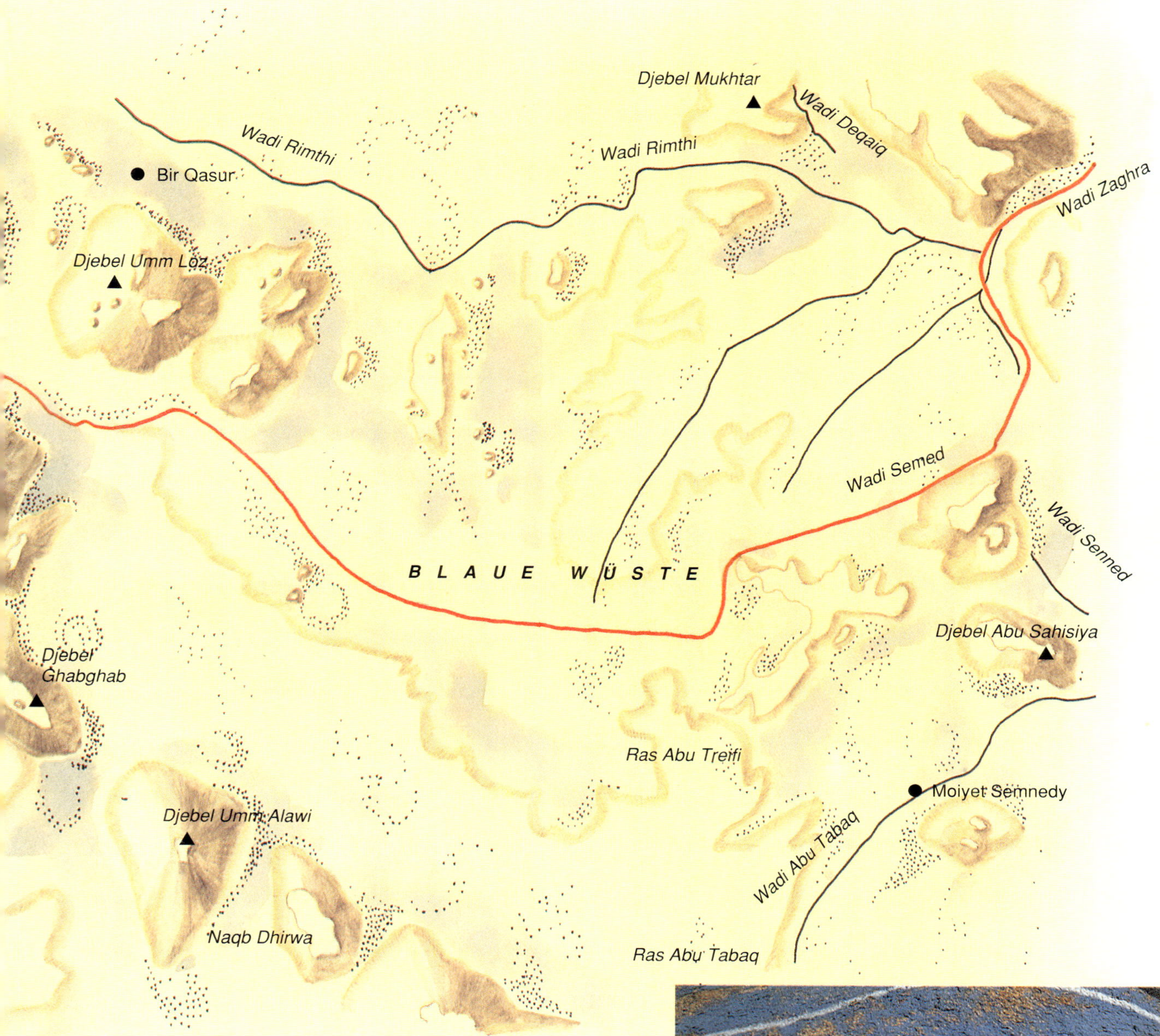

Djebel Mukhtar ▲

Wadi Deqaiq

Wadi Rimthi

Wadi Rimthi

● Bir Qasur

Wadi Zaghra

Djebel Umm Loz ▲

Wadi Semed

Wadi Senned

BLAUE WÜSTE

Djebel Abu Sahisiya ▲

Djebel Ghabghab ▲

Ras Abu Treifi

● Moiyet Semnedy

Djebel Umm Alawi ▲

Wadi Abu Tabaq

Naqb Dhirwa

Ras Abu Tabaq

**153 rechts**
*Far, ein alter Bedui-
ne des Gebiets, ruht
im Schatten des
größten der blauen
Felsen; er verkauft
den Touristen schö-
ne Quarzkristalle
und andere Mine-
ralien.*

**153 links**
*Um sein Werk zu
vollenden, waren
zehn Tonnen Farbe
erforderlich.*

**160**
*Die Wüste des Sinai,
einst absolutes Reich
der Beduinen, ist
heute das Ziel im-
mer größerer Tou-
ristenströme.*

# GLOSSAR

Transliteration und Übersetzung der im Text verwendeten arabischen Wörter

*Ain* = Quelle, Oase
*Bir* = Brunnen
*Chark* = Osten
*Darb* = Pfad
*Deir* = Kloster
*Djebel* = Berg
*Fersh* = Hochebene
*Galt* = Becken
*Garb* = Westen
*Haggar* = Stein
*Hamman* = Bad
*Kebir* = groß

*Khirberh* = Ruinen
*Kibla* = Süden
*Maghara* = Grotte
*Maghreb* = Westen
*Maiya* = Wasser
*Marsa* = Bucht
*Naqub* = Paß
*Nabi* = Prophet
*Nebka* = kleines Dünental
*Qalaat* = Festung
*Qasr* = Burg
*Ramleh* = Sand

*Ras* = Spitze, Vorgebirge, Kap
*Sahl* = Pflanze
*Sheikh* = Oberhaupt
          höhergestellte Person
*Shemal* = Norden
*Sidd* = Wasserfall
*Sikka* = Weg
*Tella* = Schlucht
*Uadi* = Tal
*Umm* = Mutter

# WICHTIGE RUFNUMMERN

## HOTELS

### SHARM EL-SHEIKH

**Barracuda Can Village**
(062)600442.
**Cateract**
(062)600280/1
Fax (062)600282,
*Naama Bay.*
**Cliff Top Hotel**
(062)600251-4
Fax (2)3922228,
*Sharm el-Maya.*
**Dolphin Hotel**
(062)600656.
**El-Baraka Village**
(062)600378
Fax (062)600878.
**El-Keheima Resort**
(062)600167/8
Fax (062)600166,
*Sharm el-Maya.*
**Gafy Land**
(062)600211/2
Fax 600210,
*Naama Bay.*
**Ghazala Hotel**
(062)600150/6
Fax 600155,
*Naama Bay.*
**Halomy Sharm Village**
(062)600681-9
Fax 600134,
*Naama Bay.*
**Helnan Marina Sharm**
(062)600170,
*Naama Bay.*
**Hilton Fayrouz**
(062)600141/2
Fax (2)770726,
*Naama Bay.*
**Hilton Residence**
(062)600267/6
Fax (2)770726,
*Sharm el-Maya.*
**Hotel Aquamarine**,
(062)600175/79
Fax (062)600177

*Naama Bay.*
**Kanabesh Village**
(062)600184/6
Fax (062)600185,
*Naama Bay.*
**Layalina Cataract**
(062)600280
Fax (062)600282,
*Naama Bay.*
**LTI Seti Sharm**
(062)600870/7
Fax (062)600392,
*Sharm el-Maya.*
**Marina Sharm Hotel**
(062)600170/1,
*Naama Bay.*
**Mövenpick**
(062)600100/10
Fax (062)600111/5,
*Naama Bay.*
**New Tiran Hotel**
(062)600225
Fax (062)600220,
*Naama Bay.*
**Pigeon House**
(062)600995
Fax (062)600995,
*Naama Bay.*
**Safety Land**
(062)600359-600373,
*Sharm el-Maya.*
**Sanarif**
(062)600197/8
Fax (062)600196/5,
*Naama Bay.*
**Seti Hotel**
(062)600147,
*Sharm el-Maya.*
**Shark Bay**
(062)600942/3
Fax (062)600944,
*Shark Bay.*
**Sharm Club**
Venta Club)
(062)600260/2
Fax (062)600263,
*Tower Bay.*
**Sheikh Coast**
(062)600835

Fax (062)600836,
*Coral Bay.*
**Sonesta**
(062)600725/6,
*Naama Bay.*
**Sonesta Beach Resort**
(062)600733,
*Naama Bay.*
**Tiran Village**
(062)600221
Fax (062)600166,
*Naama Bay.*
**Tower Hotel**
(062)600229
Fax (062)600220,
*Tower Dive Site.*
**Tropicana Hotel**
(062)600652
Fax (062)600649,
*Naama Bay.*
**Youth Center Sharm**
(062)600644,
*Sharm el-Maya.*

### DAHAB

**Canyon Dive Site**
(062)640043,
*Canyon Dive Site.*
**Ganet Sinai Hotel**
(062)640440
Fax (062)640441.
**PLM Azur**
(062)640301
Fax (2)776736.
**INMO**
(062)640370/1
Fax (062)640371,
*el-Mashraba.*
**PLM Holiday Village**
(062)600403
Fax (062)600890.

### NUWEIBA

**Bawaki**
(062)500470, *Nuweiba-Taba.*
**Baracuda Hotel**

(062)520300.
**Basata** (2)3501829,
*Ras Burqa.*
**Dolphin Beach Hotel**
(2)771932,
*Nuweiba-Taba.*
**El-Salam Village**
(062)500440
**El-Waha**
(062)500420/1.
**Hilton Coral Beach**
(062)520320.
**Nuweiba Holiday Village**,
(062)500402.
**Sally Land**
(062)530380,
*Nuweiba-Taba.*
**Sayadin Beach Hotel**
(062)500340
Fax (062)520340/1.

### TABA

**Taba Hilton**
(062)763136
Fax (2)747044, *Taba.*

### HURGADA

**Coral Beach Hotel**
(065)442160/1/2.
**El-Giftun Village**
(065)442667
**Hotel Inter Continental**
(065)443911
Fax (065)443910.
**Jasmine Village**
(065)442442
Fax (065)442441.
**Magawish Village**
(065)442620
Fax (065)442759.
**Mashrabia Village**
(065)443330
Fax (065)443344.
**Moon Valley Hotel**
(065)442811.
**Paradiso Resort**
(065)447935/6/7.

**Princess Hotel**
(065)443100/1/2.
**Sheraton Hotel**
(065)442000
Fax (065)442033.
**Sonesta Resort**
(065)443660/1
Fax (065)443661.
**Westin Resort**
(065)443240/1/2.

## EL-ARISH

**Oberoi**
(068)351321.

## ST. KATHERIN

**Daniela Village**
(062)7497732.
**Kloster**
770945.
**St. Catherine Village**
(062)770456
Fax (062)720221.

---

## TAUCHZENTREN

### SHARM EL-SHEIKH

**African Divers**
(062)600307,
*Ras Umm Sid Dive Site.*
**Aquamarine Diving Center**
(062)600276
Fax (062)600176.
**Aquanaute Diving Center**
(062)600187
Fax (062)600619,
*Naama Bay.*
**Aquavision by Venus**
(062)600280.
**Camel Diving College**
(062)600700
Fax (062)600601
*Naama Bay.*
**Colona Dive Club**
(062)600184/5
Fax (062)600185,
*Naama Bay.*
**Diving Center**
(062)600276
Fax (062)600176,
*Naama Bay.*
**Divers' Den**
(062)600195
**Divers' Lodge**
(2)3453552 (Kairo)
Fax (2)3027383,
*Naama Bay.*
**Embarak Diving Resorts**
(062)600942
Fax (062)600944, *Shark Bay.*
**New Tiran Diving Center**
(062)600225
Fax (062)600220,
*Naama Bay.*
**Ocean Quest Plc**
(062)600268
Fax (2)770726,
*Sharm el-Maya.*
**Oonas Divers**
(062)600581
Fax (062)600582,

*Naama Bay.*
**Red Sea Diving College**
(062)600145/4
Fax (062)600144,
*Naama Bay.*
**Red Sea Diving Club**
(062)600343
Fax (062)600342,
*Naama Bay.*
**Scubatour**
(062)600167
(062)600166,
*Sharm el-Maya.*
**Shark Bay**
(062)600942/3.
**Sinai Divers**
(062)600697-
(062)600150/1
Fax (062)600158-
600155, *Naama Bay.*
**Sinai Dive Club**
(2)760575 (Kairo)
(062)600140 (Sinai)
Fax (2)770726.
**Subex Diving Center**
(062)600100/5
Fax (062)600111,
*Naama Bay.*
**Sultana Dive Center**
(062)600144.
**Tentoria Diving Center**
(062)600350
Fax (062)600334,
*Sharm el-Maya;*
(062)600280/1
Fax (062)600282,
*Naama Bay.*
**Tiran Dive Club**
(062)600285,
*Naama Bay.*

### DAHAB

**Canyon Dive Club**
(062)640043,
*Canyon Dive Site.*
**Dahab Dive Center**
(062)770788
Fax (062)776736,
*PLM Azur Hotel.*
**Fantasea Divers**
(062)640043,
*Assalah Village.*
**INMO**
(062)640370/1
Fax (062)640372,
*el-Mashraba.*
**Jugo Riepl**
(062))640093.
**Nesima Diving Center**
(062)640320
Fax (062)640321,
*el-Mashraba.*
**Sinai Dive Club**
(062)640302,
*PLM Azur Hotel.*

### NUWEIBA

**Aqua Sport**
(062)520320
Fax (062)520327.

### TABA

**Taba Hilton Diving Center**
(062)771888
Fax (062)771461,
*Taba Hilton.*

## HURGADA

**Aquanut Red SGA. Diving Guide** (065)447045.
**Coral Beach Hotel**
(065)442160/1/2.
**James & Mac**
(065)442665/7/8
Fax (065)442666-
442300.
**Paradiso Resort**
(065)447935/6/7.
**Simbad**
(065)443261/6
Fax (065)447471.
**Sonesta Resort**
(065)443660/1.
**Subex**
(065))447593
Fax (065)447471.
**Westin Resort**
(065)44324/1/2.

---

## REISEBÜROS

### SHARM EL-SHEIKH

**Alpitour**
(062)600911/2,
*Naama Bay.*
**Best Tour**
(062)600857/8,
*Sharm Mall-Naama.*
**Clipper**
(062)600280.
**Egypt Travel**
(062)600164.
**Emeco**
(062)600266,
*Hilton Residence.*
**Franco Rosso**
(062)600591, *Naama Bay (New Tiran Hotel).*
**Inter Egypt**
(062)600591/2, *Naama Bay (New Tiran Hotel).*
**Ita Tours**
(062)600140, *Hilton Fayouz Hotel, Naama.*
**Jet Arrow**
(062)601777
Fax (062)600250,
*Sharm Mall-Naama.*
**Misr Sinai Touristic Co.**
(062)600640,
*Sharm el-Maya.*
**National Travel Service**
(062)600911/2, *Naama Bay (New Tiran Hotel).*
**Pianeta Terra**
(062)600150-600685,
*Naama Bay (New Tiran Hotel).*
**Safaga Travel**
(062)600185/6.
**Scubatour**
(062)600166.
**Seti First Travel**
(062)600378,

*Seti Sharm Hotel.*
**Siag Travel**
(062)600860-
600893/4/5
Fax (062)600201,
*Naama Bay (New Tiran Hotel).*
**South Sinai Travel**
(062)600150/69,
*Ghazala Hotel.*
**Spring Tours**
(062)600130/1/2,
*Tiran Village.*
**Starco Travel**
(062)601300,
*New Tiran Hotel.*
**Tips**
(062)600208, *Sanafir.*
**Tiran Tours**
(062)600221/2,
*Tiran Village.*
**Top Team Service**
(062)600961
Fax (062)600962,
*Sharm Mall-Naama.*
**Trans Egypt**
(062)600127, *Naama Bay (Tiran Village).*
**Travco**
(062)600764, *Naama Bay (Mövenpick Jolie Ville).*
**Turisanda**
(062)600127
Fax (062)600129,
*Naama Bay.*
**Viaggi del Ventaglio**
(062)600186,
*Sharm Club.*

---

## AUTOVERLEIH

### SHARM EL-SHEIKH

**Europcar-Max**
(062)600686,
*Fayrouz Hilton.*
**Europcar-Max**
(2)771284,
*Ghazala Hotel.*
**Hertz**
(062)600459,
*Naama Bay.*
**Siag Travel**
(062)600893/4/5.
**Top Team Service**
(062)600961
Fax (062)600962,
*Sharm Mall-Naama.*

### TABA

**Europcar-Max**
(2)763544, *Taba Hilton.*

---

## MEDICAL CENTER

### SHARM EL-SHEIKH

**Hyperbaric Service**
(062)600922/3
(062)601011.

# ORTSVERZEICHNIS

## LEGENDE DER KARTEN

| | | | | |
|---|---|---|---|---|
| ● | Tauchstellen | | ■ | Parkplatz |
| ● | Ortschaften | | ✈ | Flughafen |
| ▲ | Berg | | — · — | Grenze |
| | Christliche Kultstelle | | ▬▬▬ | Hauptstraße |
| | Moslemische Kultstelle | | —— | Nebenstraße |
| | Leuchtfeuer | | - - - | Weg |
| ⚒ | Bergwerk | | | |

**NB** Dort, wo nicht ausdrücklich anders angegeben, ist der Norden oben.

## DIE FOTOGRAFIEN DIESES BANDES STAMMEN VON:

Marcello Bertinetti/Archivio White Star: Seite 15 unten, 28 Mitte links, 218 unten links, 29, 39 unten, 45 unten rechts, 46 unten, 52 unten, 54 unten, 58 Mitte, 62 unten, 63, 65 unten, 67 Mitte, 70 Mitte, 83 Mitte rechts, 83 unten rechts, 84 Mitte rechts, 84 unten rechts, 84 unten links, 93 unten, 97 oben, 99 unten, 102 oben rechts, 102 unten, 104, 122, 123 oben, 123 unten, 124-125, 128 Mitte, 128 unten, 130 oben links, 136 unten, 137 unten links, 138, 145 oben.

Franco Banfi: Seite 47 oben links, 57 oben links.

Duba: Seite 53 unten links, 55 oben rechts, 57 Mitte rechts, 82 oben, 85 oben, 97 Mitte rechts, 137 unten rechts.

Edotike: Seite 134, 135.

Andrea und Antonella Ferrari: Seite 47 unten, 71 unten links.

Paolo Fossati: Seite 55 unten rechts, 70 oben, 99 Mitte links.

Itamar Grinberg: Seite 56 unten, 99 oben.

Italo Monetti: Seite 116, 117 oben und Mitte links, 117 unten.

Alberto Muro Pelliconi: Seite 47 oben rechts, 71 oben links, 96 unten, 97 Mitte links.

NASA: Seite 4-5, 6.

Vincenzo Paolillo: Seite 69 unten, 99 Mitte rechts.

Sergio Quaglia: Seite 71 unten rechts.

Roberto Rinaldi: Seite 52 Mitte, 53 oben, 53 Mitte rechts, 53 unten rechts, 55 oben links, 55 unten links, 55 Mitte rechts, 56 oben, 57 oben rechts, 58 oben, 58 unten, 59, 68 Mitte, 69 Mitte rechts, 70 unten, 85 Mitte, 85 unten.

Jeff Rotman: Seite 57 unten, 71 oben rechts, 83 unten, 97 unten.

Alberto Siliotti/Archivio C.D.A.:
Seite 1, 7, 8, 9, 10, 11, 12, 13, 14, 15, 16, 17, 18, 19, 20, 21, 22, 23, 24, 25, 26, 27, 28 oben rechts, 28 oben links, 30, 32, 33, 34, 35, 36, 37, 39 oben, 39 Mitte, 40, 41, 42, 43, 44, 45 oben, 45 Mitte, 45 unten links, 46 oben, 46 Mitte, 48, 49, 50, 51, 52 oben, 54 oben, 60, 61, 62 oben, 62 Mitte, 65 oben links, 65 oben rechts, 66, 67 oben, 67 unten, 68 oben, 68 unten, 69 oben, 72, 73, 75, 76, 77, 78, 79, 80, 81, 82 unten, 83 oben, 84 oben, 86, 87, 88, 89, 91, 92, 93 oben, 93 Mitte, 94, 95, 96 oben, 96 Mitte, 98, 101, 102 oben links, 102 Mitte links, 102 Mitte rechts, 105, 106, 107, 108, 109, 110-111, 113, 114, 117 oben rechts, 118, 119, 120, 121, 123 Mitte, 128 oben, 129, 130, 131, 132-133, 136 oben, 137 oben und Mitte, 141, 142-143, 145 Mitte, 145 unten, 147, 148, 149, 150, 151, 152, 153, 160.

Alberto Vanzo : Seite 84 Mitte links.

Claudio Ziraldo: Seite 47 Mitte, 69 Mitte links, 83 oben links.